Klassisches aus heiterem Himmel

Heinz Erhardt

Klassisches aus heiterem Himmel

Weltbild

Genehmigte Lizenzausgabe für Weltbild GmbH & Co. KG,
Werner-von-Siemens-Str. 1, 86159 Augsburg

Umschlaggestaltung: Atelier Seidel, Teising
Umschlagmotiv: © ullstein bild
Druck und Bindung: GGP Media GmbH, Pößneck
Printed in the EU
978-3-8289-3926-4

2018 2017
Die letzte Jahreszahl gibt die aktuelle Lizenzausgabe an.

Leitanweisung oder Gebrauchsfaden für die Benutzung des vorliegenden Buches

Wer – durch welche Umstände auch immer – in den Besitz dieses Buches gelangt, ist möglicherweise zunächst unschlüssig, was er damit anfangen soll. Darf ich deshalb im Folgenden einige Richtlinien zur Kenntnis geben?

Wer junge Kinder hat, der überlasse ihnen dieses Buch! Sie können die weißen Stellen mit Männchen bemalen oder die abgebildeten Personen ausschneiden und ihnen lustige Bärte ankleben …

Ganz kleinen Kindern mag dies Buch als Unterlage dienen, falls ein paar Zentimeter bis zur Suppe fehlen …

Sollte der Tisch ein zu kurzes Bein haben: Selbst zur Behebung dieses Notstandes ist dies Buch geeignet – ebenfalls zur Zermalmung lästiger Kerbtiere …

Für ältere Ehepaare jedoch ist es schier unentbehrlich; denn gibt es ein besseres Wurfgeschoss? Allerdings muss der Werfer streng da-

rauf achten, dass sich der Gegenwind während des Fluges nicht in den Seiten verfängt und dadurch die Flugbahn des Geschosses verändert oder gar bremst!
Und nun kommt die große Überraschung: Man kann in diesem Buch auch lesen!

Aphorismen

Manche Dichter gibt es, die be-
nötigen der Sachen vier:
einen guten Reim auf Liebe,
Feder, Tinte und Papier.

Wer beim Schwimmen untergeht,
ist noch lange kein Taucher.

Der Sänger spricht zum Gard'robier:
Um Himmels willen, horch mal!
Ich habe einen Frosch im Hals,
besorg mir einen Storch mal!

Ein Genie ist ein Mann, dem es wenigstens
ein einziges Mal gelingt, eine Frau davon
zu überzeugen, dass sie Unrecht hat.

Zeus

Im Himmel machte er die Blitze,
auf Erden aber lieber Witze,
so hatte er, als Tier verwandelt,
sehr oft mit Damen angebandelt!

Einst näherte er sich – als Stier! –
Europa und sprach keck zu ihr:
„Ich bin der Zeus! Macht keine Zicken
und setzt Euch hier auf meinen Rücken!
Halt't Euch am Horne fest und flieht
mit mir dorthin, wo's keiner sieht!"
Erst zierte sich das Mädchen sehr – – –
dann weniger – dann wieder mehr –
da wurde es selbst Zeus ganz klar,
wie uneinig Europa war!
Und es ist gar nicht übertrieben,
zu sagen, es sei so geblieben! –

Durch alte Schriften ist belegt,
dass Vater Zeus fast unentwegt
nach unten kam, sich abzulenken –

statt oben ans Regiern zu denken,
bis seine Frau, die Hera hieß,
ihn einfach nicht mehr runterließ.
Im Himmel aber, da verlor
er jeden Sinn für den Humor –

drum hört man auch vom alten Zeus
nichts Neu's!

Hero und Leander*

oder Falsche Sparsamkeit

1

Die Ansichtskarte

Der Hero und auch die Leander,
die hatten gar nichts miteinander.

Das lag hauptsächlich an der Länge
und Breite jener Meeresenge,
die man, hat man nicht grad gepennt,
als Hellespont von früher kennt.

Doch war der Hero ja schon immer
bekannt als Sportler, nämlich Schwimmer,
weshalb er eines Mittwochs rief:
„Ich schwimme zu ihr, ists auch tief!
Ist auch die Strecke nass und lang

* *Schon der österreichische Dichter Parzer, der nebenbei auch den Grill erfand und deshalb meist* Grillparzer *genannt wird, hatte obiges Liebespaar in seinem Lustspiel „Des Meeres liebe Wellen" zum Vorwurf genommen, ohne dass man ihm einen solchen machen könnte …!*

was macht das schon, mir ist nicht bang!
Ich arbeite bis Freitag bloß,
dann schwimme ich nach Dienstschluss los!“

Drauf schrieb er eine Ansichtskarte:
„Ich komm ganz früh am Samstag, warte!
Doch weil du, liebe Lea, faktisch
direkt am Ufer wohnst, was praktisch,
so zünde eine Kerze an
und stell sie in dein Fenster dann,
damit sie leuchte und mich leite
zu dir, bis auf die andre Seite!
In sechs bis sieben Stunden höchstens
bin ich dann da! – Leb wohl! Bis nächstens!
Ich geb dir ’n Vorschusskuss, hier hast’n …!“
und warf die Karte in den Kast’n. –

Und Freitagnacht, wie vorgesehn,
sprang er – die Uhr war kurz nach zehn
bekleidet nur mit einer Hose,
im Munde aber eine Rose,
und mit Salatöl eingerieben,
ins Wasser, mit dem Ziel nach drüben …

2

Der Untergang

Das Meer geht hoch, die Winde wehn …
Die Nacht ist schwarz, er kann nichts sehn –
den Mond und auch die Sterne nicht,
doch auch nicht seiner Liebsten Licht …
Wie sehr er die Pupille weitet,
wo ist die Kerze, die ihn leitet?
„Pardon, gehts hier zum andern Ufer?“,
brüllt er, doch niemand hört den Rufer …

Nur schwer noch kann er sich im kalten
Gewässer über Wasser halten,
und er verliert im Meergetose
die Orientierung und die Rose …
Er murmelt paarmal: „Junge, Junge …!“,
dann dringt ihm Wasser in die Lunge …
Er nimmt noch zwei, drei Schluck, drauf sinkt er
bis auf den Grund … Und hier ertrinkt er …
So endete das Sein für ihn
durch eine Kerze, die nicht schien …

3

Die Erläuterung

Nun fragen Sie wohl unterdessen:
„Weshalb hat sie das Licht vergessen?“
Weil sie, wie so das Schicksal spielt,
die Post erst Montag früh erhielt,
und da war es zu spät zum Leuchten,
da lag er schon im Grab, im feuchten …!

Hätt er ein Telegramm geschickt,
wär ihm das Vorhaben geglückt!

Der Apfelschuss

Der Landvogt Geßler sprach zum Tell:
„Du weißt, ich mache nicht viel Worte!
Hier, nimm einmal die Tüte schnell,
sind Äpfel drin von bester Sorte!
Leg einen auf des Sohnes Haupt,
versuch, ihn mit dem Pfeil zu spalten!
Gelingt es dir, sei's dir erlaubt,
des Apfels Hälften zu behalten!"

Der Vater tat, wie man ihn hieß,
und Leid umwölkte seine Stirne,
der Knabe aber rief: „Komm, schieß
mir schnell den Apfel von der Birne!"

Der Pfeil traf tödlich – – einen Wurm,
der in dem Apfel wohnte …
Erst war es still, dann brach ein Sturm
des Jubels los, der 'n Schützen lohnte!
Man rief: „Ein Hoch dir, Willi Tell!
Jetzt gehn wir einen trinken, gell?"*

* *Westfälische Fassung: Man rief: „Der Tell, der schießt ja toll!
Jetzt gehn wir einen trinken, woll?"*

Neues von Wilhelm Tell

Es ist das Ziel eines jeden Schützen:
Der Schuss muss genau im Schwarzen sitzen!
Und einer, dem dies immer gelang
und den schon Kollege Schiller besang,
das war ein gewisser Tell aus der Schweiz.
Er schoss so gut, dass der Geßler bereits
erst in Erstaunen geriet, dann in Rage
und ausrief: „Nanu, das ist Tells Etage!"*

* *Angeblich soll der Landvogt Geßler statt „Etage" „Geschoss" gesagt haben – aber dann würde es sich nicht auf „Rage" reimen.*

Die Sängerin

Reihen, Stühle, braune, harte.
Eintritt gegen Eintrittskarte.
Damen viel. Vom Puder blasse.
Und Programme an der Kasse.
Einer drückt. Die erste Glocke.
Sängerin rückt an der Locke.

Leute strömen. Manche kenn ich.
Garderobe fünfzig Pfennig.
Wieder drückt man. Zweite Glocke.
Der Begleiter glättet Socke.
Kritiker erscheint und setzt sich.
Einer stolpert und verletzt sich.

Sängerin macht mi-mi-mi.
Impresario tröstet sie.
Dritte Glocke. Schrill und herrisch.
Sie erscheint. Man klatscht wie närrisch.
Jemand reicht ihr zwei Buketts.
Dankbarkeit für Freibilletts.
Und sie zuckt leis mit den Lippen.

Beugt sich vor, als wollt sie kippen.
Nickt. Der Pianist macht Töne.
Sängerin zeigt weiße Zähne.
Öffnet zögernd dann den Mund.
Erst oval. Allmählich rund.

Und – mithilfe ihrer Lungen
hat sie hoch und laut gesungen.
Sie sang Schumann, Lincke, Brahms.
Der Beginn war acht Uhr ahms.
Und um elf geht man dann bebend,
aber froh, dass man noch lebend,
heimwärts. Legt sich müde nieder. – – –
Morgen singt die Dame wieder.

Ein Männergesangverein

Fünfzig Herren über fünfzig
sitzen um des Tisches Rund.
Und sie essen und sie trinken
und sie wischen sich den Mund.

Da! Der Vorstand schwingt die Glocke,
und es wird ganz mäuschenstill,
denn die Glocke ist das Zeichen,
dass er etwas sagen will.
Und als er genug geklingelt –
ja, das Klingeln macht ihm Spaß –,
steht er auf und spricht gewichtig:
Na, ich denk, wir singen was!
Der Kapellmeister sucht emsig,
wo die Stimmgabel wohl steckt – – –
in der hintern Hosentasche
hat er endlich sie entdeckt.
Und er führt zum Ohr die Gabel
und macht „aaaaah“ – das ist der Ton,
den man nötig für den Einsatz
hat; doch, horch, sie singen schon!

Und sie singen viel von Liebe
und von Sehnsucht und vom Mai,
und elf Verse hat dies Liedel,
und dann geht auch das vorbei.
Müde von der Armbewegung
senkt der Dirigent den Stab,
müde von den tiefen Tönen
wischt der Bass den Schweiß sich ab.
Der Tenor erzählt begeistert,
wie ihm heut das „fis“ gelang,
und der Bariton, sich räuspernd,
sagt: „Wie gut ich heute sang!“

Doch dann sitzen alle fünfzig
wieder um des Tisches Rund.
Und sie essen und sie trinken
und sie wischen sich den Mund …

Ein Pianist spielt Liszt

O eminenter Tastenhengst,
der du der Töne Schlachten lenkst
und sie mit jeder Hand für sich
zum Siege führst, dich preise ich!

Du bist ein gottgesandter Streiter,
ein Heros, ein Akkordarbeiter.
Im Schweiße deiner flinken Finger
drückst du auf jene langen Dinger,
die man gewöhnlich Tasten nennt,
und die, grad wie beim Schach, getrennt
in Schwarz und Weiß ihr Dasein fristen,
als Requisit des Pianisten.
Doch nicht nur deiner Finger Schwielen
brauchst du zum Greifen und zum Spielen,
nein, was man meistens gar nicht glaubt:
du brauchst dazu sogar dein Haupt!
Mal fällts, als ob du schlafen musst,
auf deine stark erregte Brust,
mal fällts mit furchtbar irrem Blick,
so weit es irgend geht, zurück,

und kommst du gänzlich in Ekstase,
hängt dir ein Tropfen an der Nase.
Und hast du endlich ausgerast,
sagt sich der Hörer: Liszt – not last!

O eminenter Tastenhengst,
der du der Töne Schlachten lenkst
und sie mit jeder Hand für sich
zum Siege führst, dich preise ich!
Und jeder Hörer merkt alsbald:
Du siegst mit Liszt, nicht mit Gewalt!

BB*

Ziemlich abgerissen stürzte Ludwig van Beethoven herein. „Na, noch so spät auf?“, fragte ich etwas vorlaut. Aber obwohl scheinbar anwesend, war er anscheinend abwesend. Er kritzelte Noten in sein Notizbuch und summte eine Melodie, die ich nicht kannte. Dabei war sie von Beethoven …

„Was wird denn das, wenn es fertig ist?“, wollte ich wissen. Er beachtete mich jedoch nicht – bis es mir wie Schuppen von den Haaren fiel: Er kann ja nicht hören. Und mit solch schlechtem Gehör komponiert er so gute Sachen.

Während ich diesen Gedanken noch weiter ausspann, spannte Beethoven seinen Regenschirm auf, flog durchs Fenster und genau dem Mondschein entgegen, wo ihn schon seine Sonate erwartete …

* *Beethovens Besuch*

Beethovens Totenmaske

Durch die Glastür zum Alkoven
scheint der Mond mit weißem Licht.
Ausgerechnet dem Beethoven
scheint er mitten ins Gesicht.
Nicht einmal sein Aug beschatten
kann der große Komponist.

Hilflos ist man und verraten,
wenn man mal gestorben ist.

Der Bach

(Dem gleichnamigen Komponisten gewidmet)

Tagtäglich fließt der Bach durchs Tal.
Mal fließt er breit, mal fließt er schmal.
Er steht nie still, auch sonntags nicht,
und wenn mal heiß die Sonne sticht,
kann man in seine kühlen Fluten fassen.
Man kanns aber auch bleiben lassen.

Das Glück

Siehst du das Glück, lauf hinterher.
Sei dazu – nicht zu träge.
Bedenk – das Glück geht meist
recht eigenart'ge Wege.
Wenn du mit Laufen nichts erreichst,
so kriech, wenn man dich kriechen lässt.
Gib niemals auf, greif nach dem Glück.
Und hast du Schwein – dann halt es fest.

Die Tänzerin

Erst tanzt sie nach rechts, dann tanzt sie nach links,
dann bleibt sie in der Mitte.
Dann tanzt sie nach links und wieder nach rechts,
sie hat so ihre Schritte.
Dann hebt sie den Arm, dann senkt sie das Haupt,
voll Schmerz sind ihre Züge.
Dann hebt sie das Haupt, dann senkt sie den Arm,
sie tanzt „Die fromme Lüge“.
Dann geht sie zurück und dann geht sie vor,
sehr schön ist dieser Vorgang.
Dann reißt sie sich hoch und dann fällt sie hin,
und dann fällt auch der Vorhang.

Der Schauspieler

Er sprach zu der Theaterleitung,
nachdem er dreimal ausgespuckt:
„Mein Name steht in dieser Zeitung
nie eingerahmt, nie fett gedruckt!
Dabei spiel ich die längsten Rollen,
mal bin ich heldisch, mal geduckt,
ich probe auch, solang Sie wollen,
doch niemals bin ich fett gedruckt!“

Ganz ohne Probe selbstverständlich
starb gestern er, hat kaum gezuckt …
Heut steht er in der Zeitung endlich
schön eingerahmt und fett gedruckt!

Legitim

Mich fragte neulich ein Tenor,
wie mir sein Linkerton in „Butterfly“
gefallen hätt?
Ich sagte ihm:
legitim!
Worauf er mich nicht nur entsetzt,
nein, auch sogar etwas verletzt
berichtigte, dass „legitim“
so gar nicht passe hier und heute,
weil es ja *rechtmäßig* bedeute!
Ich antwortete, dass ich ihm
sehr dankbar sei für seine Lehre –
doch hier der *Umlaut* zu betonen wäre:
recht mäßig!

Dichter mit Leihpegasus

Mühsam erklimmt er das scharrende Huftier.
Platz nehmend hinter gewaltigen Schwingen,
klammert er fest sich an wehender Mähne,
startet mit trutziger Mähre gen Himmel.

Oben, in höheren Sphären, gebiert er
dann seine herrlichen Werke, entzieht sich
damit den Blicken der lästigen Menschheit.

Hat er genüsslich sein Opus beendet,
landet erleichtert er nahe der Wohnung.
Schleunig entfernt sich der wiehernde Vogel,
denn schon ein anderer Dichter harrt seiner – – –

Das Schloss

Papst Paul war gestorben vor vierhundert Jahren
und ist dann, wie üblich, gen Himmel gefahren.
Und als er dort oben gut angekommen,
da hat er den güldenen Schlüssel genommen.
(Es ist ja bekannt, dass früher und itzt
jeder Papst einen Schlüssel zum Himmel besitzt.)

Doch siehe, der Schlüssel, der wollte nicht passen.
der Petrus hat trotzdem ihn eintreten lassen
und sprach (sein Antlitz war bartumrändert):
„Der Luther hat nämlich das Schloss verändert …!“

Bell- und Puccini

Es ist an und für mich nichts Besonderes, wenn eine Oper Bellinis aufgeführt wird. Schließlich ist der Komponist tot und kann sich gegen die Wiedergabe nicht wehren.

Da ich nun annehmen muss, dass der andere oder auch der eine Leser dieser Zeilen Bellinis Oper „Norma" noch nicht kennt, gelüstet es mich, hier einiges Bemerkenswerte über den Autor und sein Werk zu veröffentlichen.

Sein Vater, der ebenfalls Bellini hieß, war als Staatsbeamter nicht nur seinem Fürsten, sondern auch dem Trunke ergeben und kämpfte mit seiner Frau ständig um den Hausschlüssel, während sich der Sohn mehr mit dem Violin- und Bassschlüssel herumschlug.

Bellini jun. schrieb die „Norma" zu seinen Lebzeiten – aber erst nach seinem Tode wurde sie preisgekrönt. Obwohl schon Hans v. Bülow behauptete: Je preiser eine Oper gekrönt wird, desto durcher fällt sie – traf diese Diagnose für die „Norma“ nicht zu! Im Gegenteil! Sie fiel nicht nur nicht durch, sondern auf – und zwar durch eine Eigenschaft, die den wenigsten Opern eigen ist, nämlich durch ihre Kürze! – –

Bei dieser Gelegenheit möchte ich noch eines anderen Werkes gedenken, der *ersten* Quizoper: *Puccinis* „Turandot“. Diese kalte Prinzessin stellt drei Quizfragen ihren heißen Freiern und damit *sich* vor die undankbare Aufgabe, bei gelungener Lösung sich selbst aufgeben zu müssen. Dem Prinzen Kalaf gelingt es – obgleich er Tenor ist –, sämtliche Fragen zu beantworten, ohne dass er jemals an einem Quizturnier teilgenommen oder auch nur ein solches im Fernsehen gesehen hätte.

Da „Turandot“ durchweg mit lauter Musikbegleitung vor sich geht, ist es denkbar, dass selbst der aufmerksamste Lauscher des *genauen* Wortlauts der Preisfragen und ihrer Antworten nicht ganz teilhaftig werden konnte. Um disem Übelstand abzuhelfen, möchte ich hier die drei Fragen und Antworten *ohne* störende Musikuntermalung wiederholen:

1. Frage: Wer war der erste Koch?
Antwort: David; denn er dämpfte den Auflauf der Amalekiter.

2. Frage: Was ist der Unterschied zwischen einem Krokodil?
Antwort: Das Krokodil kann im Wasser schwimmen, auf dem Lande aber nicht.

3. Frage: Warum hat Herr Krause keine Haare?
Antwort: Die *Neger* haben Krauses Haar.

Nun drängt sich unwillkürlich die Quizfrage auf, ob der glückliche Rätselknacker Kalaf mit der Rätseltante Turandot, die er zur Belohnung heiraten musste, genauso gut fertig geworden ist wie mit ihren Rätseln.

Aphorismen

Ich sehe schwarz, wenn ein
blauer Brief kommt.

Sie haben den falschen Idioten, Sie Nummer!

Von der Muse geküsst? Ja –
von der Pampelmuse.

Ich muss brechen, und zwar eine Lanze.

Ich bin kein Ehrgeizhals.

Ich denk nicht gern an jenen Kuss,
den du mir gabst, Helene;
denn wenn ich an ihn denken muss,
dann werd ich müd und gähne.

Der Geiger

Unterm Arm die Violine,
auf dem Haupte Brillantine,
so besteigt mit ernster Miene
er die kunstverseuchte Bühne.
Mit den Haaren von dem Pferde
streicht er, weit entrückt der Erde,
voll Gefühl und Herzenswärme
über straff gespannte Därme.
Und der Lauscher dieser Handlung
denkt, infolge innrer Wandlung,
an die Pfoten grauer Katzen:
Auch ein Geiger kann gut kratzen!

Das hat sie nun davon*

1

Die Verhaftung

Schwarzes Haar und schwarze Kleider,
Kraft im Blick und in den Armen,
das war – man muss sagen: leider! –
sie, die Jungfrau namens Carmen.
Ihre Lage war das „mezzo“
und auch sonst recht unerfreulich,
aber mancher Spanier hätt so
gern mit ihr mal – – – ! Grade neulich
kam da einer aus Sevilla
mit dem Hut aus schwarzem Lacke,
doch sie rief: „Sei’n Sie bloß still, ja?!!“,
und sie schlug ihn auf die Backe.
Darauf musste Don José sie,
Leutnant und Tenor, verhaften,
als er aber aus der Näh sie
sah, konnt er das nicht verkraften:

* *Aus diesem strapazierfähigen Stoff wurde bereits eine haltbare Oper angefertigt!*

Heimlich machte er den Strick los,
welchen er um sie gebunden,
tauschte mit ihr einen Blick bloß,
und schon waren sie verschwunden …

2

Die Flucht

Im Gebirge, ganz im Freien,
lebten beide ihrer Liebe;
doch bald gab es Streitereien,
und nicht das nur, nein, auch Hiebe!
Einzeln durch die Pyrenäen
sah man sie dann schmutzig kriechen,
konnten sich nun nicht mehr sehen
und vor allem nicht mehr riechen …
Er wurd aus der span'schen Wehrmacht
in absentia ausgewiesen,
sie sprach: „Dumm, wer es sich schwer macht,
es gibt andere als diesen!"
Und schon eilte sie zu Tale,
um hier unten in dem raschen
Bache oder auch Kanale

endlich sich den Hals zu waschen.
Das hätt sie nicht machen sollen,
denn sie kriegte Schwierigkeiten …

Wenn Sie Nähres wissen wollen,
lesen Sie die nächsten Seiten!

3

Der Stierkampf

Spanier sind fromme Christen,
gegen Satan sind immun sie,
trotzen mancherlei Gelüsten,
aber Tiere quälen tun sie.
„Tiere haben keine Seele“,
so wird nämlich dort gepredigt,
„drum ists gut, dass man sie quäle,
bis sie tot sind und erledigt!“

Heute gab es wieder so ’nen
bösen Tag, um froh zu morden.
Männer, Mütter und Matronen –
und auch Kinder – kam’n in Horden.

Carmen saß auf der Empore
nach den Wochen der Entbehrung,
und sie sah die Matadore,
und ihr Blut geriet in Gärung:
„Das sind endlich wieder Männer!!
Der Tenor José, der war nichts!
Er war nur ein müder Penner,
ein Versager und sonst gar nichts!!" –

Endlich kam der Star, der letzte
Matador, der Größten einer!
Durch die Blutarena hetzte
er den Stier wie vor ihm keiner!
Nach dem dritten Stich schon sah man
tot das Tier zusammenbrechen …
Carmen schrie erregt: „Hurra, Mann!
Wo kann ich Sie gleich mal sprechen?!"
Und im jubelnden Getobe
rief der Bariton: „Komm, Dame!
Komm in meine Garderobe!!"
(Escamillo war sein Name) …
Flugs zu ihm enteilte Carmen –
weil er ihr ja zugewinkt hat –,

und sie lag in seinen Armen,
eh er sich noch abgeschminkt hat …

4

Das Ende

Da – („Bin ich dein liebes Rehlein?“,
hörte man sie grade fragen) –
stürzte plötzlich Don José rein,
ohne „Guten Tag“ zu sagen.
Escamillo mit Grandezza bat ihn:
„Woll’n Sie sich nicht setzen?“,
doch José, der violett sah,
hatte keine Lust zum Schwätzen.
Schon ergriff er seinen Degen,
der geschärft und vorne spitz war –
(Escamill’ verschwand verlegen
in der Wand, wo grad ein Schlitz war) –,
da fiel Carmen auf die Kniee,
bat: „Hör, wie sich alles fügte . . .“
doch er stach nach ihr – und siehe:
dieser eine Stich genügte!
Im Gesicht wurd weiß wie Schnee sie …

Ihr blieb keine Zeit zum Beten,
darum seufzte schnell „olé“ sie,
und dann war sie weggetreten …
Ihn doch hinderten zwei Fäuste,
aus dem Fenster rauszuklettern – – –

So, nun wissen Sie das meiste,
brauchen nicht mehr umzublättern …

Aphorismen

Wenn die Opern dich umbrausen,
mit Getön,
dann genieße auch die Pausen:
Sie sind schön.

Der liebe Gott hat das Gras nicht wachsen lassen, damit man in dasselbe beißt.

Möge der Himmel seine Geigen über alle Glücklichen ausschütten.

Viele betreten die Bretter, die die Welt bedeuten, und merken nicht, dass sie auf dem Holzweg sind.

Mary und Lisa

Es waren mal zwei Königinnen,
ganz gut von Wuchs und stolz von Sinnen;
doch leider konnten sich die beiden
von Hause aus nicht so recht leiden.

Sie nannten sich zwar meistens „Schwester“,
doch schuld am Krach war ein Lord Lester!
Sie liebten ihn und litten seelisch. –
Die war katho-, die evangelisch. –

Und eines regenfeuchten Tages,
da sagte Lisa: „Ich ertrag es
nicht länger, dass die Mary mir
den Lord wegschnappt! Ich zeig es ihr!
Ich will, dass man sie gleich verhafte!!“
Worauf man sie in’n Kerker schaffte …

Dort saß die Mary viele Wochen,
hat nichts gegessen, nichts gesprochen,
drum freute sie sich ungemein,
als Lisa schrieb: „Mein Schwesterlein,

wir wollen unsern Stunk vergessen!
Ich hol dich morgen ab zum Essen!“

Und so geschah’s, dass nach dem Lunch
die beiden, wie fast jeder Mensch,
sich gern etwas im Park ergingen.
Sie unterhielten sich von Dingen,
die int’ressant von Schwes- zu Schwester …
Doch fiel kein Wort über Lord Lester,
bis plötzlich Mary sich vergaß
und rief: „Du bist ein Rabenaas!
Ein Scheusal und ein Mistpaket …!“
Was Lisa nicht gefallen tät:
„Ich unternehme neue Schritte!“,
so schrie sie und ging durch die Mitte
ab!
Knapp sechs Wochen drauf bestieg, o Gott,
die arme Mary das Schafott!
Verlor den Kopf, den sie zuvor
in Lisas Park schon mal verlor …

Tannhäuser *oder* **Die Meistersinger in der Wartburg**

(in 5 Abteilungen)

1\.

Es saß, laut Richard Wagners Werk,
Herr Tannhäuser im Hörselberg –
doch nicht allein, das war es eben:
Die Dame Venus saß daneben.
Sie war begabt mit ganz enormen,
doch angenehmen Körperformen
und schmiegte sich an seine Lende.
Er drückte ihr dafür die Hände.
Dann sangen beide ein Duett,
und vorne tanzte das Ballett.

Sie liebte und liebkoste ihn,
und grade das erboste ihn!
Das immer gleiche Einerlei,
das tägliche Tandaradei,
das viele Tanzen und die Lieder
war'n bald dem Tanni höchst zuwider,
weshalb er – es war kurz vor zehn –
ganz plötzlich ausrief: „Lass mich gehn!

Mich hält nichts mehr! Leb wohl, ich muss!“
Worauf sie sprach: „Red keinen Stuss!
Du bist mein Held, du bist mein Sänger!
Verweil doch noch ein wenig länger!“ –
Und so blieb alles wie vorher:
das Singen, Tanzen und auch er.

2.

Inzwischen waren Tage, Wochen
und Monate ins Land gekrochen,
als Tannhäuser plötzlich erwachte,
doch anders, als er es sich dachte:
Er lag, statt auf der weichen Chaise,
im harten Gras! Es roch nach Käse,
und eine Magd mit ganz enormen,
doch nicht so guten Körperformen
behütete der Kühe Herde,
auf dass sie nicht gestohlen werde.

Sofort befragte er die Maid
nach Ort der Handlung und der Zeit

und sah zur Linken und zur Freude
ein gar gewaltiges Gebäude;
und aus der Magd geräum'gen Munde
vernahm er dann die frohe Kunde,
dass dieses Bauwerk hoch und hehr
die so genannte Wartburg wär.
„Die Wartburg? Die ist mir bekannt!",
sprach da der Venus-Emigrant,
„ich will mich jetzt dorthin bemühen!
Leb wohl! Empfiehl mich deinen Kühen!"

3.

Als Tannhäuser sein Ziel erreicht
– das Gehen fällt ihm noch nicht leicht –
und er dem Tor der Wartburg naht,
da hält ihn an ein Wachsoldat:
was er hier wünsche oder wolle
und dass er sich entfernen solle!
Hier fände heut ein Wettkampf statt,
doch nur für den, der Stimme hat!
„Dann bin ich richtig! Auf das Tor!

Lass mich hinein! Ich bin Tenor!“
Nachdem er so sich ausgewiesen,
lässt der Soldat passieren diesen.

4.
Herr Tannhäuser betrat die Halle,
und, sieh mal an, hier war’n sie alle:
Hans Sachs, Jung Siegfried, und selbst Hagen,
der aus Westfalen, wollts mal wagen!
Auch ’n Holländer war da als Streiter!
(Es gab schon damals Gastarbeiter!)

Herr Tannhäuser erfuhr inzwischen
die Regeln, um hier mitzumischen:
Das, was er singt, sei einerlei,
wenns nur von Richard Wagner sei!

Der Eschenbach war grade dran
mit’m „Abendstern“ – und er gewann
die allermeiste Sympathie.
Kein Wunder bei der Melodie!

Und dann betrat die wunderschöne
Elisabeth von links die Szene!
Man zollte große Achtung ihr,
denn sie war ja die Chefin hier!
Sie gab bekannt, was so passiert sei
und dass die Halle renoviert sei,
weshalb sie hoch und breit und lang
von ihrer „teuren" Halle sang!

Doch schließlich ging ihr Lied vorüber,
und auch der Tannhäuser ging lieber …

5.
Er ging – und stand nun vor dem Tor.
Da kam ein langer Pilgerchor,
der grade nach Italien strebte
und hauptsächlich vom Singen lebte.
Als er den Pilgerzug erblickte
schrie er, sodass er fast erstickte:
„Hinweg ihr Socken und ihr Schuhe,
's wird Zeit, dass ich jetzt Buße tue!

Wie sündig ist mein ganzer Leib!
Wer schert mein Haar? Was schert mich Weib?
Auch ich kauf mir so eine Kutte!
Ich pfeif auf Venus, diese –!" – „Nu – n",
sprach da des Pilgerzuges Leiter,
„so pilgre mit uns! Gleich gehts weiter!"
„Ich bin für euch nicht gut genug!
Geht! Ich komm mit dem nächsten Zug!" –

Ob er nun tatsächlich gezogen
gen Rom – oder gelogen
(wir wollen nur das Erste hoffen!),
bleibt offen …

Was es nicht alles gibt

Zunächst ist da der Vorhangmann –
eh der nicht zieht, fängt es nicht an!
Sehr nützlich ist der Inspizient –
er klingelt immer, ruft und rennt!
Fürs Haar ist wichtig die Frisöse –
fürn Text nicht minder die Sufflöse!
Den Anzug bügelt der Gardrober –
das Bier bringt der Kantinenober!

Dann gibt es die Kulissenbauer –
und Komiker, die immer sauer!
Es gibt den Held, den Bongwiwang
und die Suhbrette mit Gesang!
Heldenmutter – Heldenvater –
auch diese braucht man am Theater!

Wen gibts denn noch? – Den Intendanten!
Und dann vor allem: INTRIGANTEN –
Intriganten – Intriganten – Intriganten –

Hauptmann Gerhart

Gerhart hatte sich vom Musketier zum großen Tier emporgedient und eiferte so seinem Vater nach, der als General mitgeholfen hatte, den Krieg 70/71 siegreich zu beenden.

Gerhart brachte es bis zum Hauptmann.

Schließlich wurde er noch einmal befördert – und zwar an die frische Luft.

Und hier, in freier Natur, hub er an zu dichten. Diese Tätigkeit fiel ihm nicht schwer, weil er Goethe sehr ähnlich sah.

Wenn trotzdem zwischen den Schriften dieser beiden Großen eine Kluft klafft, so deswegen, weil Gerhart mit der Schreibmaschine seine Werke schrieb, während Goethe mit einem Federkiel vorliebnehmen musste.

Hallo, Schwan!

Schon lange vor der Eisenbahn
gabs als Transportmittel den Schwan.
Wolltst du verreisen noch so weit:
Ein Schwan mit Kahn stand stets bereit!
Du nanntest ihm das Endziel bloß,
stiegst ein, und, hui, schon ging es los!

Nun war – ganz in der Näh vom Grale –
so eine Art von Schwan-Zentrale,
in der erregt ein Herr erschien
und rief: „Ich bin der Lohengrin!
Und haben Sie wohl an der Hand
'nen Schwan? Ich muss gleich nach Brabant!
Ich bitte um ein schnelles Tier,
denn Elsa ruft schon sehr nach mir!
Auch hätt ich – sagen Sie's der Leitung! –
den Schwan gern mit Musikbegleitung!" –

Was weiter war – und wie's gewesen,
bitt ich bei Wagner nachzulesen!

Der Mohr von Venedig

Frei geräubert bei Schiller

Unterm Einfluss eines Föhns
dichte ich jetzt mal was Schöns:
Es ist kürzer und auch stiller
und ganz anders als bei Schiller! –

Franz Mohr, bekannt als „die Kanaille“,
trug stets den Dolch an seiner Taille.
Doch einmal, ach, im grimmen Zorne
stach er von hinten zu und vorne,
worauf sich wund das Opfer wand
und Franz in dessen Blute stand!

Nach dieser unheilschwangern Tat
rief er: „Jetzt ham wir den Salat!
Mein Beinkleid ist vom Blut gerötet!
Den Leichnam dort hab ich getötet!
Der Anblick ist nicht grade schön!
Auf Wiedersehn! Der Mohr kann gehn!“

Und so geschahs, dass Franz entfloh
(über die Alpen, übern Po
und weiter), bis er ungehemmt
zur Stadt kam, die stets überschwemmt.

Hier – musste er sich nicht verstecken!
Hier – konnt er seine Hos' entflecken!
Hier – blieb Franz Mohr lang, brav und ledig
und hieß ab hier – „Mohr von Venedig"!*

* *Einige neuere Literaturgeschichten behaupten, wahrscheinlich, um sie farbiger zu gestalten, der „Mohr von Venedig" sei ein Schwarzer gewesen. Bei Schiller jedoch findet sich kein Hinweis, dass Fr. Mohr (den er übrigens undelikaterweise mit oo schreibt) negroiden Ursprungs war.*

Hanneles Siegesfahrt

Da war ein Mädchen jung und stark
und gut von Wuchs und hieß Jeanne d'Arc.

Erst hütete sie Vaters Ziege,
dann träumte sie vom großen Siege!
So ging sie eines Tags aufs Ganze:
Kaufte sich Rüstung, Helm und Lanze,
und schon nach ziemlich kurzer Zeit
fand Männer sie, zum Kampf bereit!
Mit diesem Fähnlein griff sie dann
des Königs böse Feinde an!

Bei Orleans errang, so schiens
(auf englisch heißt der Ort Orliens!),
die ihren Sieg! Doch nicht weit her
war es damit: Es geht die Mär,
sie sei, was nicht so sehr erheitert,
am Scheiterhaufen dann gescheitert!

Aphorismen

Nach Schluss der langen Oper
hörte ich neulich folgende Kritik:
„Was mich an dieser Oper störte,
das war der Schwan und die Musik!“

Eine Beleidigung trifft umso
tiefer, je mehr sie zutrifft.

Manchen Menschen ist die Schlacht bei
Salamis die Wurst gleichen Namens.

Weder vergoss ich Gelächter, noch
hielt ich mir den Bauch vor Tränen.

Vorläufig habe ich noch keine Lust,
ins bessere Jenseits zu beißen.

Querschnitt durch Verdi

Othello war schwarz wie ein Mohr
und ziemlich klug – obwohl Tenor –
und lebte nicht ganz ledig
in Venedig.

Doch eines Tags sah er Aida
und sprach zu sich: „Wer ist denn die da?
Die ist mein Typ – die wär mein Fall so!"
Na also!

Doch hatte Vater Rigoletto
für sie 'nen andern Mann in petto:
Don Carlos hieß der Mann in spe.
Olé!

Sie aber liebte einen Dritten.
Den brauchte sie nicht lang zu bitten,
den Radames; denn der war nur
Troubadour!

Doch der sang seine Serenatas
viel lieber vor dem Haus Traviatas!
Sie lauschte ihm auf dem Balkone
mit „ohne“.

Vielleicht hat er zu oft gesungen –
egal, sie kriegte kalte Lungen;
und, von dem Nachtwind angepustet,
hat sie dem Radi was gehustet.
Da sagte sich der Liebessänger:
„Die steckt mich an! Ich sing nicht länger!“
Und er verließ die Kranke.
Na danke! –

Aida aber und Othello
entleibten sich – das ging ganz schnell, oh! –
in Verona.
Aida wegen Radames,
Othello wegen Madame *Des-*
demona …

Klassiker

Es gibt Dichter, die noch leben, aber trotzdem gut sind. Dann gibt es Dichter, die schon tot, aber um Klassen besser sind. Das sind die Klassiker. Ihre Werke stehen in hohem Ansehen und in jedem Bücherschrank. Aber die ledernen Einbände stehen oft in keinem Verhältnis zu ihrem Inhalt. Nur der „Lederstrumpf“ des Klassikers Karl May ist alles andere als ledern, sondern geheftet und in billigen kleinen Ausgaben zu haben, weil sich die Knaben keine großen Ausgaben leisten können. Sie opfern ihr letztes Taschengeld und ihren ersten Schlaf, um den Heißhunger nach dem Lederstrumpf befriedigen zu können.
Doch es gibt noch andere Klassiker, die von den Schulklassen gelesen werden, allerdings weniger gern, wie zum Beispiel Schiller. Ehe Schiller beschloss, Dichter zu werden, versuchte er sich an anderen Unternehmungen. So verfertigte er eine Taucherglocke, und für Herrn Polykrates schmiedete er einen Ring. Nun hatte er Zeit und Geld genug, sich dem Dichten zuzuwenden. Als

guter Geschäftsmann verlockte er die Schüler zum Lernen seiner Gedichte, indem er für sie die so genannten Schillerlocken buk, an die sich die älteren Semester sicher noch erinnern werden.

Über Wolfgang Amadeus von Goethe möchte ich nur so viel sagen, dass auch seine Werke in den Schulen gelesen werden müssen. Doch müsste sein Götz von Berlichingen für Jugendliche unter achtzehn Jahren verboten werden. Aber sogar die Theater spielen ihn, und die Schüler werden unter Zwang in die Vorstellung getrieben, sodass sie bald unter Zwangsvorstellungen leiden.
Dann wäre noch ein anderer Klassiker zu erwähnen, nämlich Heinrich von Kleist. Er wurde ausgebombt und rettete nur einen zerbrochenen Krug. Nicht einmal Kleist war imstande, ihn wieder zu kleistern.

Don Quichote und Rosinante

Alle Völker hatten ihre Nationalhelden. So hatte zum Beispiel Amerika den Washington, die Schweiz den Wilhelm Tell, Frankreich den Napoleon, Deutschland hatte den … ach, jetzt habe ich seinen Namen vergessen. Spanien hatte den Don Quichote und der das Pferd Rosinante. Ich bin dafür, ihn auf gut Deutsch den Ritter von der traurigen Gestalt zu nennen, eine Bezeichnung, die uns Deutschen im Hinblick auf unseren letzten Nationalhelden am besten liegt. Über diesen rätselhaften Ritter gab es neulich einen Vortrag, der dieses Thema so erschöpfend behandelte, dass Don Quichote selbst kaum erschöpfter sein konnte, nachdem er seinen Kampf gegen die Mühlen hinter sich hatte. Nach neuesten Forschungen führte er diesen aussichtslosen Krieg deshalb, weil die damals nur dunkles Mehl lieferten und das helle für sich behielten.

Ein mytho-unlogisches Gespräch

Ich habe bei mir zu Hause ein Aktfoto hängen. Drunter steht „Die Ledige mit dem Schwein“. Kennen Sie das?

Sie meinen sicher „Die Leda mit dem Schwan“?

Ach ja, richtig! Ein Schwan kommt auch drauf vor! Und wer ist diese „Leda“?

Leda war die Mutter der „schönen Helena“.

Wieso „war“? Ist sie tot?

Aber natürlich!

Erzählen Sie mir doch mal was von der Familie!

Also das war so! Eines Tages schiffte sich Menelaus, der Gatte der Helena, nach Kreta ein.

Und Helena blieb zu Hause?

Ja, in ihrem Schlafgemach. In der Mitte stand ein großes Ruhebett und links der Armleuchter.

Ich denke, Menelaus war weg?

Nein, ein wirklicher Armleuchter stand da. – Und plötzlich wurde ihr Páris gemeldet!

Ach, der mit dem Apfel?

Bravo, woher wissen Sie denn das?

Na, Páris war doch der, der auf dem Berge Aida der Schönsten mit der Armbrust einen Apfel vom Kopf schoss!

Das verwechseln Sie leider mit Wilhelm Tell – aber immerhin! – Außerdem hieß der Berg Ida! – Na schön! Páris beschloss, Helena mit List zu erobern.

Ach, Klavier spielen konnte er auch?

Das weiß ich nicht! Jedenfalls aber nahm er sie mit nach Troja.

Ach so ja.

Und wissen Sie, wodurch Troja berühmt geworden ist?

Durch die Trojabohnen!

Sie meinen Sojabohnen?! – Nein, durch den Trojanischen Krieg! Die einstmals so stolze Stadt wurde völlig zerstört – und heute ist die Fläche, auf der sie stand, eben!

Eben!

Der König Erl

(Frei nach Johann Wolfgang von Frankfurt)

Wer reitet so spät durch Wind und Nacht?
Es ist der Vater. Es ist gleich acht.
Im Arm den Knaben er wohl hält,
er hält ihn warm, denn er ist erkält'.
Halb drei, halb fünf. Es wird schon hell.
Noch immer reitet der Vater schnell.
Erreicht den Hof mit Müh und Not – – –
der Knabe lebt, das Pferd ist tot!

Viele Bemerkungen sind nicht aus der besten Luft gegriffen.

Auch der Erlkönig von Thule wusste nicht, wie das Wasser hieß, an dem der Fischer saß und die Fische aus den Angeln hob.

Wer sich auf seinen Lorbeeren ausruhen kann, hat sie an der falschen Stelle.

Das Schlimme an den Rednern ist, dass sie nie sagen, worüber sie reden.

Flecke

Gott, voller Weisheit, hehr und mild,
schuf uns nach seinem Ebenbild.
Gewiss, wir Menschen sind gescheit,
doch wo ist unsre *Menschlichkeit?*
Erscheint uns jemand edel, groß,
so täuscht das: Er verstellt sich bloß!
Erst wenn er Böses tut und spricht,
zeigt er sein wahres Angesicht! –

Um obiges nun zu beweisen,
lasst alphabetisch uns verreisen,
dann kann man sehn, was so geschah!
Wir fangen vorne an, bei A ! ! !

A (Amerika)

Amerika, du Land der Super-
lative und dort, wo James Cooper
zwar seinen „Lederstrumpf" verfasste,
man aber die Jndianer hasste,
weshalb man sie, halb ausgerottet,
in Reservaten eingemottet,
sich dafür aber Schwarze kaufte,
sie schlug und zur Belohnung taufte,
doch heute meidet wie die Pest,
sie aber für sich sterben lässt –
wie beispielgebend stehst du da
für *Menschlichkeit!* O USA!

B (Briten)

Jedoch auch sie, die vielen Briten,
die Schott- und Engländer, sie bieten
für unser Thema *Menschlichkeit*
so manchen Stoff seit alter Zeit!
Nur warens statt Indianer Inder,
die sie ermordeten, auch Kinder;
und ähnlich Schreckliches erfuhren
danach die Iren und die Buren,
die man durch den Entzug des Fetts
verschmachten ließ in den Kazetts!
Jedoch bei Völkern, welche siegen,
wird so was immer totgeschwiegen …

C (Christen)

Dann wäre da, bar jeden Ruhms,
so manche Tat des Christentums,
die, eben wegen seiner Lehre,
am besten unterblieben wäre!
Man denke da zum Beispiel an
Inquisition zuerst und dann
an Waffensegnung mit Gebeten,
um andre Gläubige zu töten!
Auch dieses: lieber Menschenmassen
verelenden und hungern lassen,
statt man Geburtenreglung übe –
auch das zeugt nicht von *Menschenliebe!*

D (Deutschland)

Nun: Wollt ihr, dass im Alphabet
es mit dem D jetzt weitergeht?
Ist es nicht besser, wenn ich ende?
Wascht nur in Unschuld eure Hände
und greift, kraft eigenen Ermessens,
zum güt'gen Handtuch des Vergessens …

Doch hilft das Waschen nicht und Reiben:
Die Flecke bleiben!

Der Fischer

(Frei nach Johann Sebastian Goethe)

Das Meer ist angefüllt mit Wasser
und unten ists besonders tief,
am Strande dieses Meeres saß er,
d.h., er lag, weil er ja schlief.
Und nun noch mal: Am Meere saß er,
d.h., er lag, weil er ja schlief,
und in dem Meer war sehr viel Wasser
und unten wars besonders tief.

Da plötzlich teilten sich die Fluten,
und eine Jungfrau kam herfür,
auf einer Flöte tat sie tuten,
das war kein schöner Zug von ihr.
Dem Fischer ging ihr Lied zu Herzen,
obwohl sie falsche Töne pfoff – – –
man sah ihn in das Wasser sterzen,
dann ging er unter und ersoff.

Mona Lisa und die Maler

Zu Tizian, dem Maler, schlich
die holde Mona Lisa, und
sie bat ihn: „Bitte mal'n Sie mich
von vorne – und auch recht schön bunt!"

Der Meister brauchte grade Lire,
drum antwortete er: „Si, Si!
Doch eh die Leinwand ich beschmiere –
wie viel, Madame, bezahlen Sie?"

Da rief sie voll Impertinenz:
„Sie wollen Geld von mir, wieso?
Jetzt gehe ich zur Konkurrenz,
und zwar zu Michelangelo!"

Der war nun leider nicht zu Hause …
„Ja, wen", so dacht sie, „gibt es noch?
Ob ich mal schnell nach Holland sause –
zu Rembrandt oder zu van Gogh?"

Es fehlte ihr an Zeit, wie's schien,
und auch an finanzieller Kraft,
so blieb ihr nur noch der da Vin-
ci, und der hats denn auch geschafft!

Er bracht ihr Lächeln gut zuwege,
die ganze Kunstwelt war besiegt –
verzeiht drum, wenn ich Zweifel hege:
Hätts nicht ein anderer Kollege
vielleicht doch besser hingekriegt?

Die berühmte Venus

Ein Freund hat herrliche Gemälde. Er hängt nicht nur an ihnen, sondern sie auch an die Wände. Seine Bilder sind mit feinstem Öl gemalt und von dicken goldenen Rahmen umgeben.

Die Bilder stammen aber nicht nur von einem Maler, nein, von bereits verschiedenen Malern. Auch von dem Adolph von Menzel ist eins dabei, ein ganz kleines. Menzel war ja nicht groß.

Mein bekannter Freund hat auch einen riesigen Bücherschrank. Links stehen zwei grüne Bücher, rechts drei rote und in der Mitte ein blaues. Die Bücherrücken kennt er alle ganz genau. Nur gelesen hat er die Bücher nicht, denn er sagt, der Inhalt sei oft genauso ledern wie der Einband.

Und dann hat er eine schöne Skulptur herumstehen, so eine Marmorfigur aus feinstem Gips. Das ist die berühmte Venus von Mikosch. Die ohne Arme. Die hat keine Arme, die Arme. Mein Freund meint, für ein paar Mark mehr hätte er auch eine Ganze gekriegt, mit Armen.

Aphorismen

Raphael wäre auch dann ein großer
Maler geworden, wenn er ohne Ölfarben
auf die Welt gekommen wäre.

Maler sind Leute, die von der
Wand in den Mund leben.

Ich rede mir nicht ein, den Stein
der Weisen wachsen zu hören.

Das Ei darf nicht klüger sein als Kolumbus.

Vom Alten Fritz

Vom Alten Fritz, dem Preußenkönig,
weiß man zwar viel, doch viel zu wenig.

So ist es zum Beispiel nicht bekannt,
dass er die *Bratkartoffeln* erfand!

Drum heißen sie auch – das ist kein Witz –
Pommes Fritz!

Berichtigung

So viel Säulen sind zu sehn,
die dort in die Lüfte ragen,
dass wir gut den Grund verstehn,
weshalb Griechen sichs versagen,
Säulen nach Athen zu tragen.

NB. Fälschlicherweise spricht man immer von *Eulen*, die man in die griechische Hauptstadt tragen will. Welch Nonsens! Warum gerade diese Vögel, die jeden Wohlgeschmacks entbehren?
Nein, nein! Das Missverständnis ist auf einen Sprachfehler des Philosophen Aristophanes, der kein „S“ aussprechen konnte, zurückzuführen. Natürlich meinte er *Säulen!*

Die Entstehung der Glocke von Schiller
oder
Warum Schillers Glocke keinen Klöppel hat

Am 31. Februar 17.. saßen Schiller, Goethe und Eckermann beim Skat. Im Kamin knisterte traurig ein Buchenscheit, und eine müde Tranfunzel verbreitete teils Geruch, teils Licht. Aber Geheimrat Goethe haderte nicht, sondern liebte den trüben Schein des Trans*.

Die drei Herren saßen also beim Skat und auf weichen Plüschsesseln – nach dem Motto: Noblesse o'Plüsch. Goethe hatte gerade Schellen** gereizt, als Schillers Augen plötzlich heller strahlten als die der Funzel und er anhub, also zu sprechen: „Verzeihen Sie, Herr Geheimrat, bei Ihrem Gebot ‚Schellen' fiel mir eben etwas Wichtiges ein: Könnten Sie mir mal flugs Ihren Gänsekiel leihen?" Goethe, der gerade gereizt hatte, war nun selber gereizt: „Aber, lieber Schiller, wozu brau-

* *Erst kurz vor seinem Ableben verlangte es ihn nach „mehr Licht".*

** *Deutsche Klassiker bedienten sich selbstverständlich deutscher Spielkarten!*

chen Sie denn gerade jetzt meinen Gänsekiel?“ Schiller: „Weil mir beim Wort ‚Schellen‘ der Gedanke kam, ich könne mal ein Gedicht über die ‚Glocke‘ schreiben.
Und um dieses kleine Gedicht zu Papier bringen zu können, brauche ich Ihren Gänsekiel. Weil ich meinen nämlich nicht bei mir habe!“
Goethe, indem er die Karten auf den Tisch und seine Stirn in Falten legte, sagte: „Das mit der Glocke ist eine gute Idee! Wir Klassiker können unsere Werke nicht oft genug an die große Glocke hängen! Habe ich nicht recht, Eckermann?“ Eckermann, der für Goethe so etwas Ähnliches war wie Dr. Watson für Sherlock Holmes, antwortete: „Jawohl, Herr Geheimrat!“ – „Nun denn“, fuhr Goethe fort, „hier haben Sie meinen Gänsekiel! Wir paar Dichter müssen zusammenhalten!
Und während Sie sich, Friedrich Schiller, von der Muse küssen lassen, werden ich und Eckermann Sechsundsechzig spielen!“
Nachdem die beiden ungefähr zwei Stunden lang dem 66 gefrönt hatten und Goethe alle Spiele ge-

wann, weil Eckermann bei ihm weder 20 noch 40 noch sonst was zu melden hatte, sprach plötzlich Goethe, indem er erst den Blick und dann sich selbst erhob: „Halt, Herr Schiller! Nun muss ich aber schleunigst meinen Gänsekiel zurückhaben; denn soeben fiel mir ein, dass ich im 2. Teil meines ‚Faust' einige Sätze zu stehen habe, die ich sofort ändern muss, weil sie der *Unverständlichkeit* entbehren!

Bei einem Dichter meines Formats wirken nur *unverständliche* Sätze verständlicherweise selbstverständlich! Notieren Sie diesen Ausspruch, Eckermann!" – „Jawohl, Herr Geheimrat!" – „Außerdem", setzte Goethe den Vortrag fort und sich wieder hin, „außerdem wird Ihre Glocke zu lang, wenn Sie nicht augenblicklich mit dem Dichten nachlassen! Denken Sie doch an all die lieben Schulkinderchen, die Ihre Glocke dermaleinst vielleicht werden auswendig lernen müssen!" – – –

So verdanken wir eigentlich Goethe die Entstehung dieses Schillerschen Werkes – aber auch den erfreulichen Umstand, dass dieses Gedicht nicht noch länger wurde – aber auch die betrübliche Tatsache, dass Schiller keine Zeit mehr hatte, das Werden und die Nutzanwendung des für eine Glocke doch so notwendigen *Klöppels* zu schildern!

Vielleicht wusste er damals schon, dass seine Glocke gar keine Gelegenheit haben würde, jemals mit eherner Zunge zu reden – denn, wie sagt der Dichter: *Friede* sei ihr erst Geläute …

Archimedes

Jaja! Der weise Archimedes
ging stets zu Fuß, ging stets per pedes.
Doch ging er auf besondre Weise:
Er ging hauptsächlich nur im Kreise.

Die Gangart hatte sich nach Wochen
in Syrakus herumgesprochen,
weshalb – es ist gut zu verstehn –
die Menge kam, sichs anzusehn.
Doch dies gefiel dem Greise nicht!
Er sprach: „Stört meine Kreise nicht!"

Jaja! Der weise Archimedes
ging stets zu Fuß, fuhr nie Mercedes.

Nero

Nero war nicht nur ein Kaiser,
sondern auch fast immer heiser,
was hauptsächlich daran lag,
dass bei Nacht er und bei Tag,
je nachdem, wo etwas los war –
wenns auch eine Kirmes bloß war,
kurz: bei jeder frohen Feier –
Lieder sang zu seiner Leier
und das stets mit vollem Ton,
denn noch gabs kein Mikrofon.

Selbst als Rom hell lodernd brannte
und das Volk sich an ihn wandte,
stand er mittendrin im Dampfe,
sang Couplets und schlug die Klampfe.

Er war in der Welt des Scheins
eine, wenn auch heisre Eins;
sonst jedoch war Kaiser Nero
– unter uns gesagt! – ein Zero.

Kolumbus

Als Kolumbus von seiner Amerikafahrt
nach Spanien heimkam mit Gold und mit Bart
und, hoch geehrt und umjubelt, schritt
durch die Hauptstadt des Landes, nämlich Madrid,
entdeckte er plötzlich da drüben rechts
eine hübsche Person femininen Geschlechts.
Bei ihrem Anblick – was war schon dabei –
entschlüpfte ihm was, und zwar das Wort „ei“ …

Seitdem sind die Forscher sich darüber klar,
dass das das „Ei“ des Kolumbus war!

Der Wahlredner

Wenn er das Rednerpult betritt
mit kühner Stirn und weitem Schritt,
zieht er zunächst gekonnt kokett
das Manuskript aus dem Jackett
und fängt gleich an, draus vorzulesen,
was ist, was wird und was gewesen.

Doch langsam wird der Redner kleiner,
denn er entdeckt – und nicht erst heute:
vor ihm sitzen zwar viele Leute,
doch hinter ihm – steht keiner …

Zwei Schulaufsätze

Glocken

O Glocke! Du hängst am Turm und läutest.
Dein Läuten läutert die Leute, doch Friedrich Schiller hat dich bereits mehr lang als breit bedichtet. Aber auch du, kleine Glocke am Wecker, verdienst unsere Liebe. Jeden Morgen erweckst du uns und damit in uns das Gefühl der Dankbarkeit dafür, dass wir endlich wieder unserer geliebten Arbeit nachgehen dürfen.
Nur dich, die du keinen Laut von dir gibst, dich, Käseglocke, hat noch kein Dichter besungen; denn du stehst in schlechtem Geruch.
Dabei bist du so wichtig: *Alles* ist Käse!

Goethe und die Fliege

War Goethe ein größeres Wunder als eine kleine Fliege? –
Das ist hier die Frage!
Sieh, wie sie so an der glatten Wand entlangwandelt, als sei das die einfachste Sache von der Welt,

und sieh, wie sie ihr Gefieder glättet und sich mit dem hintersten Bein ganz vorn am Kopf kratzt. Und jetzt – jetzt erhebt sie sich gar in die Lüfte und flattert durchs Zimmer. Und nun nimmt sie auf dem westöstlichen Diwan Platz. Doch nicht lange. Schon wieder durchpflügt sie den Raum und landet schließlich, etwas echauffiert, auf deiner Nase.

Konnte das Goethe?

Viele Verse ...

Viele Verse schrieb und schreib ich,
denn die Muse, die mich küsste, will es;
doch die Verse sind viel unbekannter
als die Verse des Achilles!
Über diese gibt es Bücher –
wer kennt nicht die dicken Folianten?
Meine Verse aber kennen
nur der Mond – und du –
und dann zwei alte Tanten!

Der Teller

Eine Ballade

Zu Ostern in Hersfeld die Mutter spricht:
„Bald ist es Zeit fürs Festtagsgericht.
Drum geh, meine Tochter, hinab in den Keller
und füll mit Sauerkraut hier diesen Teller!“

„O Mutter, o Mutter, o lass mich nicht gehn!
Man hat eine Mörderbande gesehn,
die grad aus dem Zuchthaus entkommen!“
„Auch ich habs der Presse entnommen!
Doch sei ruhig, bleibe ruhig, mein Kindl,
in vielen Blättern steht meistens nur Schwindl!“
„O Mutter, o Mutter, mir träumte neulich
von einem Mann …! Der Traum war abscheulich!
Oh, lass uns den Keller vergessen!
Woll'n wir was anderes essen!“

„Mein Kind, mein Kind, ich seh es genau,
du kommst in die Jahre, wirst langsam Frau,
siehst überall Männer, die lauern …
geh, hol von dem Kraut, von dem sauern!“

Der Tochter grausets; sie steiget hinab,
hinab in den Keller, der dunkel wies Grab!
„Oh, gehe nicht weiter!“, die Treppe knarrt es …
Da stößt die Tochter auf was Hartes!

Und wie sie so fühlt, fühlt sie eine Wange
mit Ohren dran – – – Sie schreit – doch nicht lange;
denn schon zieht einer von der Bande
den spitzen Dolch aus dem Gewande
und bohrt ein Loch durch ihre Kehle!
Und aus dieser Öffnung entflieht ihre Seele …
Auch der Teller zerbricht – – – war echt Porzellan!

O Mutter, o Mutter, was hast du getan?!?

Der Tauchenichts

(Frei nach Schillers „Taucher“)

„Wer wagt es, Knappersmann oder Ritt,
zu schlunden in diesen Tauch?
Einen güldenen Becher habe ich mit,
den werf ich jetzt in des Meeres Bauch!
Wer ihn mir bringt, ihr Mannen und Knaben,
der soll meine Tochter zum Weibe haben!“
        Der Becher flog.
        Der Strudel zog
        ihn hinab ins gräuliche Tief.
        Die Männer schauten,
        weil sie sich grauten,
        weg. – Und abermals der König rief:
„Wer wagt es, Knippersmann oder Ratt,
zu schlauchen in diesen Tund?
Wers wagt – das erklär ich an Eides statt –
darf küssen mein's Töchterleins Mund!
Darf heiraten sie und mein Land verwalten!
Und auch den Becher darf er behalten!“

Da schlichen die Mannen
und Knappen von dannen.
Bald waren sie alle verschwunden – – –
Sie wussten verlässlich:
Die Tochter ist grässlich! –
Der Becher liegt heute noch unten …

Bier-Fragment

War ich, wo's Bier zu trinken gab,
stell ich die Frage unterwegs mir:
Wenn ich beim Bier geschäkert hab,
bin ich dann wohl ein Schäksbier?

Nichts

„Gott hat die Welt aus Nichts gemacht",
so steht es im Brevier,
nun kommt mir manchmal der Verdacht,
er macht sich nichts aus ihr …

Aphorismen

Man muss die Gelegenheit bei der
Hand fassen und den Schwiegervater
um den Schopf seiner Tochter bitten.

Mal trumpft man auf, mal hält man stille,
mal muss man kalt sein wie ein Lurch,
des Menschen Leben gleicht der Brille:
Man macht viel durch!

Die Hüter des Gesetzes schreiten
manchmal aus, wenn sie einschreiten.

Der Kaiser belohnte ihn königlich.

Das Unwetter*

Urahne, Großmutter, Mutter und Kind
in dumpfer Stube versammelt sind. –

’s ist Mittwoch. Da hört man von ferne
ein leises Grollen. Mond und Sterne
verhüllen sich mit schwarzen, feuchten
Wolkenschleiern. Blitze leuchten.
Und es sind versammelt in dumpfer Stube
Urahne, Großmutter, Mutter und Bube. –

Das Gewitter kommt näher mit Donnerschlag –
und noch fünf Minuten bis Donnerstag!

Es heult der Sturm, es schwankt die Mauer;
der Regen prasselt, die Milch wird sauer –
und in dumpfer Stube – man weiß das schon –
sind Urahne, Großmutter, Mutter und Sohn.

* *Frei nach Ludwig Uhland, dem Erfinder der gleichnamigen Straße.*

Ein furchtbarer Krach! Ein Blitz schlägt ein!
Der Urahne hört was und sagt: „Herein!“ –
Die dumpfe Stube entflammt und verglimmt
mit Urhammel, Großbutter, Butter und Zimt …

Zu spät

Die alten Zähne wurden schlecht,
und man begann, sie auszureißen,
die neuen kamen grade recht,
um mit ihnen ins Gras zu beißen.

In Eile

Kaum warst du Kind, schon bist du alt.
Du stirbst – und man vergisst dich bald.
Da hilft kein Beten und kein Lästern:
Was heute ist, ist morgen gestern.

Das Weidenrösslein

(Nicht ganz so frei nach
Joh. Wolfg. Amad. v. Goethe)

Sah ein Knab ein Rösslein stehn,
Rösslein auf der Weiden.
War schon alt und gar nicht schön,
und es konnte kaum noch sehn,
doch er sahs mit Freuden.
Rösslein, Rösslein, Rösslein braun,
Rösslein auf der Weiden.

Knabe sprach: „Wie schön ists heut,
Rösslein auf der Weiden!
Keine böse Wolke dräut,
alles ist voll Heiterkeit,
und die Luft ist seiden.
Rösslein, Rösslein, Rösslein braun,
Rösslein auf der Weiden!“

Rösslein sah ihn traurig an,
Rösslein auf der Weiden:
„Dort kommt schon der Bauersmann,

spannt mich vor den Wagen an,
schlägt mich mit der Peitsche dann,
bis ich nicht mehr weiterkann –
muss so viel erleiden ... !“
Rösslein, Rösslein, Rösslein braun,
Rösslein auf der Weiden.

Die Polizei im Wandel der Zeiten

Solange wir Menschen auf Erden leben,
hat es schon immer Polizei gegeben!

Es ist ja bekannt, dass der erste Polizist
der Erzengel Gabriel gewesen ist.
Er hat uns, so steht es im Buche geschrieben,
eines Apfels wegen aus dem Paradiese
vertrieben.
Seitdem fühlt die Polizei – grad bei
Kleinigkeiten –
sich bemüßigt, gar strenge einzuschreiten!

Schon im alten Rom – so vor 2000 Jahren –
wurde manchmal etwas zu schnell gefahren,
also wars klar, dass der uniformierte
Beamte sich erst mal die Nummer notierte.
Dann drohte er mit erhobenem Finger
und sagte: „Na, Sie machen ja schöne Dinger!"
Hierbei bediente er sich, wie alle Einwohner
Roms,
natürlich des lateinischen Idioms.

Die Jahrhunderte waren dahingegangen
und das 20. hatte angefangen!
Es wuchs die Bildung, der Schnurrbart, die
Gartenlaube,
es wuchs aber auch die Pickelhaube!
Es hagelte Schimpfe und Strafmandate:
Die Polizei war ein richtiger Staat im Staate!
Und die Bürger sagten zwischen Weinen und
Lachen:
„Nee, mit *dem* Staat ist kein Staat zu machen!"

Das 2. und 3. Reich waren zerronnen!
Es war alles verloren – nur eines gewonnen,
nämlich die Überzeugung: Es
muss hier auf Erden
alles – auch die Polizei muss anders werden!
Sie hat sich entbartet, sie hat sich entpickelt,
sie hat sich zum Freunde und Helfer entwickelt!
Hilft freundschaftlich tragen des Bürgers Last:
Sie fasst nicht mehr *fest* – sie fässt nur noch *fast!!*
Sie drückt oft ein Auge zu bei kleinen Vergehn,
von den vielen Ausnahmen natürlich abgesehn!

Herr Schnabel

Herr Schnabel war als Lohengrin
bemüht, ihn stimmlich zu gestalten.
Als Elsa rief, und er erschien,
da konnt den Schnabel man nicht halten.
Er war der Ritter und der Mann,
kurz, der Vertreter seines Faches,
sowohl als Kämpfer als auch dann
im Inneren des Brautgemaches.
Nachdem er schließlich mit dem Schwan,
laut Textbuch, wieder weggefahren,
da hub das Händeklatschen an
von denen, die zugegen waren.
Nur einer meinte auf dem Rang
zu einem andern Herrn aus Sachsen:
„Der Schnabel, der heut wieder sang,
dem war der Vogel hold gewachsen."

Moderne Sinfonie

Droben sitzet die Kapelle,
festlich und gestimmt ist sie.
Schon ertönt die dritte Schelle,
gleich beginnt die Sinfonie.

Nun wirds stille; denn es zeigt sich
der Maestro, wohlbefrackt,
steigt aufs Podium, verneigt sich,
dreht sich um und schlägt den Takt.
Geiger geigen, Bläser blasen,
Pauker pauken, Harfe harft – – –
alle Noten dieses Werkes
werden schonungslos entlarvt …

Droben schwitzet die Kapelle,
auch der Dirigent hats satt!
Morgen können wir dann lesen,
ob es uns gefallen hat …

Mozart

Unter den berühmten Musikern sind am berühmtesten die alten Klassiker, was völlig falsch ist, denn die meisten alten Klassiker sind gar nicht alt geworden. Wie zum Beispiel Mozart. Dieser Tonsetzer feierte kürzlich seinen 200. Geburtstag in alter Frische.
Mozart war ein Wunderknabe. Es war nämlich ein Wunder, wie dieser Knabe in seinem kurzen Leben so lange Stücke hat schreiben können.
In seinen Werken sind alle Noten nach oben gestrichen, weil er stets Hals über Kopf arbeitete. Ihm genügte zur Herstellung der Don-Juan-Ouvertüre eine Nacht, während dem Don Juan selbst eine Nacht sicher nicht genügt hätte.

Mozarts Wiege stand in Salzburg. Diese Stadt heißt wohl deswegen so, weil zu den Festspielen jedermann gesalzene Preise zahlen muss.

Mozart muss ein recht flottes Leben geführt und im Kopf lauter Streiche gehabt haben, denn er verfertigte mit Vorliebe Streichquartette. Auch mögen da für ihn Sparsamkeitsgründe mitgesprochen haben. Denn erstens braucht man für ein Quartett nicht so viel Notenpapier wie für eine Sinfonie, und zweitens kommt man mit weniger Musikern aus. Ein Quartett ist in der Regel mit vier Mann ausreichend besetzt.

Mozart schrieb stets mit Bleistift oder Feder und Tinte und war zum Anschaffen einer Schreibmaschine nicht zu bewegen. Auch zog er, wenn er komponieren wollte, jedem anderen Papier das Notenpapier vor.

Im Gegensatz zu seinem Arbeitskameraden Johann Sebastian Bach trug Mozart beim Komponieren Strümpfe.

Versuch einer Conférence

Eine gute Conférence soll aus drei Teilen bestehen, wenn sie bestehen soll: nämlich aus dem ersten, dem zweiten und dem dritten Teil!
Bei einer Konferenz ist es so ähnlich, nur ganz anders; denn es ist kein Geheimnis, dass zwischen einer Konferenz und einer Conférence eine große Kluft klafft: Während bei einer Konferenz meistens nichts herauskommt, kommt nach einer Conférence immer etwas heraus – und zwar der oder die, den oder die man gerade conferiert hat!
Lassen Sie mich bitte im Folgenden eine Conférence – als Muster ohne Wert – vorführen!

Meine Damen und Herren! Ich heiße nicht nur Fritz Dämlich, sondern Sie auch herzlich willkommen!
Nachdem ich mich hier auf der Bühne versammelt habe, habe ich zunächst ein kleines Bedürfnis: Ich möchte nämlich etwas fallen lassen – und zwar die Bemerkung, dass es leichter ist, den

Mund zu halten, als eine Rede! Aber es wandelt mich die Lust an, Ihnen recht herzlich dafür zu danken, dass Sie sich hier teils nieder-, teils herabgelassen haben, um das gelassen an sich vorüberziehen zu lassen, was wir hier oben vom Stapel zu lassen die niedrige Stirn haben! Gewiss, wir könnten es auch lassen – aber lassen wir das! Lassen Sie uns lieber den Abend genießen, Genossen – nein – genießen, genossen wir doch selten einen so schönen!
Sie habens gut! Sie können sich hersetzen und sich von Ihren Sorgen absetzen – aber wir hier oben müssen uns einsetzen, damit wir uns durchsetzen und Sie nicht entsetzen!!!
Wir wollen heute ausnahmsweise mit dem Anfang beginnen, obwohl ein *Anfang* immer *schrecklich* ist! Schon Madame Plissee, die Vielfältige, sprach vom „Anfang terrible“! –
Eigentlich wollte ich heute persönlich hier erscheinen, nun kam ich aber selbst. Ich sagte mir, dass tagtäglich überall in der Welt so viel Unnützes hergestellt wird, da könne ich mich auch mal herstellen! Nun müssen Sie sich aber vorstellen: Ich

komme direkt von der Riviera! Man spricht immer vom „teuren Vaterland" – aber; das können Sie mir glauben, *da* ist es noch viel teurer!
Das Meer dort ist allerdings herrlich! Es reicht genau bis zum Ufer! Das Dumme ist nur: Dicke Rohre ragen ins Meer hinein. Sie sind dazu da, die Abwässer der umliegenden Hotels abzuleiten. Wenn man nun am nächsten Morgen baden geht, trifft man immer alte Bekannte – – –
Nun ja, deshalb heißt die Gegend dort auch „Kot d'Azur".
Berge sind *auch* erhebend!
Wenn im Winter der Schnee so rumliegt – was soll er auch anderes machen? – und man ganz, ganz oben steht mit Schneeschuhen unter den Sandalen und dann die – verzeihen Sie mir das folgende Wort – Piste hinabsaust – herrlich!
Nun war ich ja damals nicht allein in den Bergen: Eine bekannte Freundin von mir war mit von der Partie. Sie war ein nettes Ding – bloß ein bisschen dünn! Ein typisches Dünn-Format war sie! Unter uns gesagt, sie sah aus wie eine Hundehütte: in jeder Ecke ein Knochen …

Wie ich also lossauste, rief sie mir nach: „Hals- und Beinbruch!“ Aber ich bin ja nicht verrückt! Ich tue doch nicht das, was sie will – und da habe ich mir den *Arm* gebrochen …

Und ich breche jetzt auch – nämlich was ab, und zwar meiner Rede kurzen Sinn! Denn nun wird eine Künstlerin diese Bühne bevölkern, eine Tänzerin, die Sie alle vom Schallfunk und von der Rundplatte her kennen: Es ist Adelaide Pimpelfors!

Was für eine Sängerin das hohe C ist, ist für eine Tänzerin der große Zeh!

Und ich geh!

Adjee! *(ab)*

Tänzerin tritt auf

Theater, Film, Fernsehen

Man hat Theater, die erfreuen sich fiskalischer Unterstützung – man hat aber auch Theater, die erfreuen das Publikum. Diese sind äußerst selten, meist in privater Hand und haben schwer zu kämpfen, sofern sie nicht wenigstens einer Organisation angeschlossen sind, was aber ausgeschlossen ist, wenn das Stück, das sie spielen – wie traurig – zu lustig ist! –

Man unterscheidet zwei Arten von Theaterleitern: solche, die es wirklich sind, und solche, die es gern sein möchten. Letztere überwiegen bei weitem, obwohl gerade *sie* der Überzeugung sind, sie wären es …

Auch die Darsteller zerfallen in zwei Teile: in einen, der von der Schauspielschule, und in den anderen, der vom Kabarett kommt.

Die Darsteller des ersten Teils besitzen oft keine Persönlichkeit und vermögen deshalb leicht in die Haut der darzustellenden Person hineinzuschlüpfen; die Kabarettisten dagegen können aus ihrer Haut nicht heraus und spielen aus diesem

Grunde meist nur sich selbst. Sie sind von den „gelernten“ Kollegen nicht so gern gesehen wie vom *Publikum*, was wohl daran liegt, dass der Theaterbesucher für gewisse Nuancen eine Nase hat, die nicht auf den Kopf gefallen ist! –

Mindestens ebenso wichtig am Theater wie die Platzanweiser – ich meine hier nicht die Regisseure – sind zweifelsohne die Kritiker! Sie sind fürwahr bedauernswerte Geschöpfe; denn sie sind ganz auf sich gestellt und dürfen nicht – wie normale Theaterbesucher – andere nach ihrer Meinung fragen. Im stillen Kämmerlein tippen sie ihre Rezensionen in die Schreibmaschine, und es kommt nicht selten vor; dass sie – ähnlich wie beim Lotto – danebentippen ... So schrieb beispielsweise Ende des vorigen Jahrhunderts ein berühmter Wiener Musikkritiker (Name und Anschrift sind bekannt) gelegentlich der Uraufführung von Puccinis „La Bohème“, er gäbe dieser Oper noch drei Aufführungen – dann wäre sie vergessen! Man bedenke! Andererseits meinte er über Meyerbeers „Afrikanerin“, dieses Werk werde auch noch das nächste Jahrhundert überleben!

Dabei wird diese Oper nicht einmal mehr in Afrika gespielt.
Ja, ja – es gibt kaum etwas, womit man so viel Theater hat – wie mit dem Theater …
Aber auch mit dem Film!
Kaum hatte ich das zarte Alter von 46 Jahren erreicht, als man mich auch schon entdeckte – und zwar auf einer winzigen Bühne in einem witzigen Stück.
Das Publikum scharte sich in Scharen um das Geschehen, aber, wie ich später erfuhr, weniger meinetwegen, als wegen einer bedeutend jüngeren Kollegin, die es meisterhaft verstand, ihre Rolle vor allem zu *verkörpern!*
Hauptsächlich die Filmproduzenten, die ja immer auf der Jagd nach jungen Talenten – besonders, wenn sie weiblichen Geschlechts sind – sind, eilten in rauen Massen herbei, um den Maßen der Künstlerin nachzuspüren … Schließlich aber kam einer dieser Herren nicht nur ins Theater, sondern auch auf die Idee, dass eigentlich *ich* den Maßen der Breitwand eher entspräche!
Also – und das spricht für den Fachmann! – bot

er mir für ein Filmvorhaben, das nach einem Drama eines gewissen Franz Grillparzer gedreht werden sollte, eine der Hauptrollen an, mit der Bemerkung, er habe an den Autor wegen der Vergebung der Filmrechte bereits geschrieben …

„Vergebung“, sagte ich, „aber Grillparzer ist meines Wissens seit langem tot!“

„Oh“, meinte der Produzent, „deshalb hat er wohl auch nicht geantwortet!“ …

So fiel dieses Projekt leider ebenso ins Wasser wie in Grillparzers Stück die Leander; welche ja mehrmals nächtens die Dardanellen durchschwamm, nur, um die Kerze ihres Hero auszupusten! Meine Hoffnung, jemals zum Film zu kommen, wähnte ich ebenfalls als erloschen …

Aber nein! Schon nach ganz kurzer Zeit stand ich in einem richtigen Filmatelier; von einem richtigen Filmregisseur geleitet, zum ersten Mal vor einer richtigen Filmkamera!

Mit namhaften Kollegen, die ich normalerweise nie anzusprechen gewagt hätte, war ich plötzlich „per du“, ohne dass meine Hochachtung vor ihnen „perdü“ gegangen wäre …

Wir waren ein unzertrennliches Team – was den Produzenten, wenn er uns alle zusammen sah, regelmäßig bewog, sprachgewandt, aber auch etwas besorgt, auszurufen: „Team is money!"
Nun, wir alle waren vom Erfolg des Films überzeugt, und erst bei der festlichen Uraufführung wurde deutlich, wie viel Time wir für dieses Machwerk unnötig verplempert hatten, und was da alles an guten Pointen auf Geheiß des Produzenten herausgeschnitten worden war, bloß, weil er sie bei der Vor-Vorführung nicht verstanden hatte! Nee, nee – auch mit dem Film hat man Theater …
Während man auf der Filmleinwand manchmal einen drei Meter großen Kopf hat, wird man auf dem Bildschirm zum Pygmäen!
Aber vielleicht ist es gerade die Kleinheit, die im Fernsehzuschauer teils väter-, teils mütterliche Gefühle auslöst, sofern ihm der Darsteller sympathisch ist. Er sagt sich: „Gott, ist der Kleine nüdlich – – und so hülflos! – – Oh, wie nett er eben gezwinkert hat – – – und nun ist er böse, wie ein Großer, ha-ha-ha!"

Anders ist es, wenn der Betrachter lieber ein Fußball-Länderspiel erleben oder einen wissenschaftlichen Vortrag, etwa über das Thema „Elementare Elemente der hyperphosphären Rekonvaleszenz“, hören möchte. Und nun kommst du Däumling mit deinem Gequatsche!

Oder einer hat Krach mit seiner vierten Frau und möchte sich nun bei Tschaikowskis Fünfter ausweinen … Stattdessen erscheinst *du* und reißt Possen!

Das eben ist die große Gefahr; der du als „Fernsehstar“ ausgesetzt bist: Du gerätst leicht an die falsche Adresse!

Im Kino dagegen sieht dich nur der, der dich sehen *will* – aber wer geht heute schon noch ins Kino?!!! …

Zwei Interviews fürs Fernsehen

Mit einer Eiche

Reporter: Liebe Fernsehzuschauer! Wir wollen mal einen neuen Weg beschreiten – und zwar einen Waldweg! Er ist, wie das für einen Wald typisch ist, von Bäumen umzingelt. Wir haben uns nun einen Baum oder – besser gesagt – eine Bäumin herausgegriffen und wollen versuchen, mit ihr ins Gespräch zu kommen. Bis jetzt hieß es zwar immer: Lasst Blumen sprechen – nun, vielleicht geht es auch mit Bäumen. Hier also ist meine Gesprächspartnerin. Sie ist eine Eiche. Entschuldigen Sie, gnädige Frau, zunächst die Frage: Sprechen Sie deutsch?

Eiche: Natürlich! Ich bin ja eine teutsche Eiche!

Reporter: Aha! Sagen Sie, Sie stehen da so Jahr für Jahr herum. Ist das nicht sehr anstrengend?

Eiche: Nein, das Da-so-Rumstehen ist nicht schwer. Schließlich lernen wir das ja!

Reporter: So, das lernen Sie?! Wo denn zum Beispiel?

Eiche: In der Baumschule zum Beispiel.

Reporter: Ach ja, natürlich! Darf ich mir die Frage erlauben, was Sie sonst noch in so einer Baumschule lernen?

Eiche: Zunächst lernen wir, immer den gleichen Standpunkt einzunehmen.

Reporter: Ja, das sieht man! Sie sind, seit ich mich hier mit Ihnen unterhalte, noch keinen Zentimeter von Ihrem Standpunkt abgewichen. – Und was lernen Sie noch?

Eiche: Und dann lernen wir etwas, wozu uns unsere Größe und vor allem unser Alter – – –

Reporter: Aber nicht doch!

Eiche: Jawohl, wozu uns unser Alter sehr zustatten kommt, nämlich über vieles hinwegzusehen! Mit anderen Worten: vieles zu verzeihen!

Reporter: Hm, ja …

Eiche: Wenn zum Beispiel sogenannte Volkslieder gesungen werden, wie „Ich schnitt es gern in alle Rinden ein", so geht uns naturgemäß dieser Text durch Mark und Bein – oder bäumisch ausgedrückt, durch Harz und Wurzel.

Reporter: Oder wenn ein Hund kommt, schnuppert und das Bein – ha, ha, ha – auch das müssen Sie verzeihen, nicht?

Eiche: Jawohl! Das Wichtigste aber ist, immer Haltung zu bewahren! Auch in stürmischen Zeiten immer Haltung zu bewahren!

Reporter: Entschuldigen Sie, wenn mir jetzt einige Zweifel aufstoßen. Es gibt doch Fälle, wo selbst stämmige Artgenossen von Ihnen entwurzelt werden – in stürmischen Zeiten. Wie kann so etwas trotz gründlicher Schulung geschehen?

Eiche: Ach, daran sind meist die Baumschulbehörden schuld! Sie pflegen sogenannte Ausleseprüfungen zu veranstalten. Dadurch wird den ihnen unbequemen Schülern ein Weiterkommen in der Schule erschwert, ja unmöglich gemacht; kurz, diese armen Opfer werden ohne das zum Leben nötige Rüstzeug den Stürmen des Lebens ausgesetzt!

Reporter: Oh, so etwas gibt es also bei Ihnen auch …?! Können Sie in Ihren Baumschulen auch sitzen bleiben?

Eiche: Nein, sitzen nicht – wir können höchstens stehen bleiben, aber das ist ja letzten Endes das Gleiche!

Reporter: Natürlich! – Und wer sind Ihre Lehrer?

Eiche: Die Gummibäume. Die haben alle das Gumminasium besucht.

Reporter: Verzeihen Sie, wenn ich abschließend noch eine etwas, sagen wir mal, prekäre Frage an Sie richte: Zu was oder zu einer teutschen Eiche in besserem Teutsch gesprochen – wozu, glauben Sie, wird man Sie, hat man Sie, entschuldigen Sie, gefällt, verarbeiten?

Eiche: Ich weiß, dass man dermaleinst aus meinem Leichnam Bretter für Schiffe, Fässer, Parkette, Möbel und bequeme Särge fertigen wird. Seit ich aber das Vergnügen hatte, Ihre werte Bekanntschaft zu machen, glaube ich, dass man mich hauptsächlich zu *den* Brettern verarbeiten wird, die solche Menschen wie Sie vor dem Kopf haben ...!

Reporter: Ich danke Ihnen für Ihre eichenartigen Ausführungen!

Mit einem Scheich

Reporter: Liebe Fernsehzuschauer! Mit großer Freude stelle ich Ihnen heute den Regierenden Fürsten von Hamudistan, seine Hoheit Scheich Ben Fah San, vor. Sie wissen ja: Hamudistan liegt zwischen Iran und Persien. – Bitte, Herr Scheich, was verdienen Sie eigentlich so im Monat?

Scheich: Nun, ich benötige recht viel. Schließlich muss ich ab und zu Hof halten.

Reporter: Und muss man Hof halten – kann man nicht Haus halten, ha-ha-ha, was?

Scheich: Außerdem kosten die vielen Frauen, die zu besitzen ich genötigt bin – nach dem Willen Allahs –, viel Geld.

Reporter: Wie viel Frauen haben Sie denn so ungefähr über den Daumen gepeilt?

Scheich: Das wechselt. Im Moment habe ich 132 Stück.

Reporter: Dann kommen Sie wohl kaum zum Regieren, ha-ha-ha, was? – Und so ein paar hundert Mark im Monat gehen da schon drauf, nicht? Schließlich können ja Ihre Frauen nicht leben wie Kirchenmäuse?!

Scheich: Nee, das schon gar nicht! Denn bei uns gibts nur Moscheenmäuse.

Reporter: Richtig, richtig! – Sie verneigen sich doch immer gen Osten, nicht?

Scheich: Nein, nicht immer! Manchmal machen wir unsere Bücklinge auch vor dem Westen! Aber schließlich ist es ja ganz egal, von welcher Seite wir die Kanönchen erhalten, zumal man uns sowieso immer die ältesten Modelle schickt.

Reporter: Was tun Sie denn mit den Kanönchen?

Scheich: Wir vergraben sie.

Reporter: Aha, wie die Indianer ihre Kriegsbeile, was?

Scheich: Genau so, nur aus anderen Gründen: Zu uns kommen nämlich oft Archäologen. Sie machen Ausgrabungen und freuen sich dann immer, wenn sie was finden. Stoßen sie dann auf die Kanönchen, schlagen sie meist ihre Hände über unseren Köpfen zusammen und rufen aus: »Götter, Gräber und Gelehrte! Was sind denn das für Dinger? Die sind ja direkt zum Schießen!«

Reporter: Jetzt hätte ich noch eine Bitte, Herr Scheich! Sagen Sie doch bitte mal irgendeinen Satz in Ihrer Landessprache, ja?!

Scheich: Da bedauere ich! Ich beherrsche diese Sprache nicht.

Reporter: Was, Sie als Regierender Fürst beherrschen ein ganzes Volk, aber nicht dessen Sprache? Das verstehe ich nicht!!!

Scheich: Aber warum regen Sie sich darüber auf? Das hat man doch auch in anderen Ländern, dass die Regierung eine andere Sprache spricht als das Volk …!

Der G-Sketch

Mitwirkende: Die Ehefrau (Sie), der Ehemann und der Hausfreund (Er).

Er:	Geliebte!
Sie:	Geliebter!
Er:	Günstige Gelegenheit! – Gatte ging!
Sie:	Getränk gefällig!
Er:	Genialer Gedanke!
Sie:	Glas Grog!
Er:	Gern!
Sie:	Gesundheit!
Er:	Gleichfalls! – Gutes Gesöff!
Sie:	Glücklich?
Er:	Gewiss! (Kuss)
Sie:	Geht ganz gut, gell?
Er:	Gib Gas! (Kuss)
Ehemann	(kommt): Genug gesehen! Große Gemeinheit !
Sie:	Guter Gemahl!
Er:	Gespräch ganz geschäftlich!
Ehemann:	Glaube gar nichts! Greife Gewehr!

Sie:	Gnade! Gütiger Gatte!
Er:	Gerhard! Genosse!
Ehemann:	Geh! Gangster! (schießt)
Er:	Gesäß getroffen!

Verehrerpost

Wir kennen Sie vom Fernsehn –
und weil wir Sie so gern sehn,
so möchten wir Sie nah sehn!
Könn'n wir Sie nicht mal da sehn,
wo Sie zu Hause sind?
Es grüßt mit Frau und Kind
Fritz Stindt

An einen jungen Journalisten

Das Schreibenlernen, das begannst
du früh schon zu betreiben;
und doch – obwohl du schreiben kannst –
kannst du bis heut nicht „schreiben“!

Zum 25. August 1967

(Einführung des Farbfernsehens)

Das Fernsehprogramm, von dem Ersten bis
Dritten,
das hatte, ich sage es nur beklommen,
an einer langwierigen Krankheit gelitten –
drum hat man es in Behandlung genommen.

Seitdem ist das Fernsehen unbestritten
gesundet. Es hat sogar Farbe bekommen …

Fräulein Mabel*

Alle Frauen, die
mit tausend Reizen ausgestattet,
durch das Weichbild unsrer
Stadt lustwandeln, die
habe ich nicht lieb, denn
die sind nicht mein Typ, ich
brauche etwas andres fürs Gemüt. Zum Beispiel:
Fräulein Mabel, die,
durch wenig Schönheit ausgezeichnet,
still und unbemerkt durchs Leben schreitet, ist
mir nicht einerlei, und
weil sie mir stets treu, drum
widme ich ihr dieses schöne Lied!

Kennen Sie denn schon das Fräulein Mabel?
Würden Sie sie sehn, würd's Ihnen abel!
Beine hat sie dünn so wie ein Säbel –
meine süße kleine Freundin, Fräulein Mabel.

* *(Der Verfasser bittet, diesen Namen, wie so vieles heute, englisch auszusprechen, also Mebel. Diese Bitte bezieht sich natürlich auch auf die entsprechenden Reimwörter. Danke!)*

Kennen Sie denn schon das Fräulein Mabel?
Ausgeschnitten geht sie bis zum Nabel,
deshalb hab ich auch für sie ein Faible –
für die süße kleine Freundin, Fräulein Mabel.
Manche gibt es, die mir heute
dieses stille Glück nicht gönnen
nur deshalb, weil diese Leute
so was nicht verstehen können!

Kennen Sie denn schon das Fräulein Mabel?
Sie bewohnt gleich nebenan ’ne mabel-
ierte kleine Wohnung unterm Gabel –
meine süße kleine Freundin, Fräulein Mabel.

Ihr Drang

Für das Theater schwärmt sie schon
seit ihrem zwölften Jahre,
da sah sie nämlich „Romeo“
von W. Schakespeare.
Und weil ihr Drang zur Bühne groß,
groß wie der Himalaja,
drum kauft sie sich für zwo Mark zehn
das Buch „Die Bühne Maja“.

An dich

Liebe Friederike Kempner*!
Als ein weiblich-zarter Klempner
lötest du der Worte Klang,
der dir aus dem Innern drang,
aneinand – mal kurz, mal lang.

Darum Dank den Vorefahren,
die nicht nur aus Schlesien waren,
sondern dich auch dort gebaren!

Unsrer Seele tiefen Schacht
hast du richtig vollgemacht!

* *1836 dem Ei entschlüpft, 1904 als „schlesischer Schwan" eingegangen – auch in die Literaturgeschichte. Freiwillige Erfinderin des unfreiwilligen Humors.*

Beckmesser*

Er war ein angesehner Herr
und wohl der Klügsten einer,
doch spricht von ihm als Kriti-Kerr**
– und auch als Mensch – heut keiner!

Wie bös hatte er Wagners „Ring"
und Bruckners Werk verrissen,
auch von Puccinis „La Bohème"
wollte er nicht viel wissen!

Wie lobte er den Meyerbeer
und Straußens „Ritter Pasman"!
Was er getadelt, lebt noch heut –
was er gelobt, vergaß man!

Merke:
Der Irrtum ist der Menschen liebstes Kind,
besonders, wenn sie Rezensenten sind!

* *Gemeint ist hier der Wiener Musikkritiker Eduard Hanslick (1825–1904).*
** *Kerr, Alfred (1867–1948), auch 'n berühmter Kritiker.*

Der Anruf

Neulich rief ein Herr bei mir an – und dann noch telefonisch! – und sagte: „Ich soll Sie im Auftrag des Fernsehens fragen, ob Sie Lust hätten, alle zwei Wochen zehn Minuten lang im Fernsehen zu plaudern?!“ Worauf ich die Stirn hatte, sie zu runzeln, und antwortete: „Alle zwei Wochen zehn Minuten? Geht es nicht vielleicht alle zehn Wochen zwei Minuten?“ – „Aber, Sie haben doch nicht etwa Angst? Was fällt Ihnen ein?“ – „Ja, das ist es eben! Was fällt *mir* schon ein? Es ist gar nicht so einfach, zehn Minuten lang über etwas zu plaudern, was keinen Menschen interessiert!“ – „Sie sollen ja über ein *interessantes* Thema plaudern – und zwar über das Fernsehprogramm!“ – „Ach, du grüne Neune! Über das Fernsehprogramm soll ich plaudern? Lohnt es denn überhaupt, über so was Worte zu verlieren?“ Ich sah direkt, wie der Herr seine Faust fletschte. Aber ruhig sprach er weiter: „Sie sollen über das Programm sprechen, das im Fernsehen bereits gesendet worden ist!“ – „Ach so! Über das soll ich sprechen, was *war!* Ja, lieber Herr, gern! Aber was *war* denn schon im Fernsehen?“

Der keusche Josef oder der Heftling

Ein Theaterstück

Personen:

Der Herr Professor, über 60

Die Frau Professor, unter 30

Josef, über 17, aber unter 19

Professor: *(mit Vollbart und Kneifer)* Köstlich
war die dampfende Mahlzeit,
die du, vortreffliche Hausfrau,
mir brietest. Gerne nun würde
der Ruhe ich pflegen, leider doch
muss ich des Bleibens entraten.

Frau Prof.: Mit anderen Worten, du
willst wieder gehen?

Professor: Das Wollen hat hier sekundäre
Bedeutung, das Müssen ist das,
was mich schmerzlich berühret
… Eine wichtige Lehrerkonferenz
erheischt meine Anwesenheit.
– Jedoch, in einer schwachen
Stunde bin ich wieder bei dir!

Frau Prof.: Das freut mich, Edi!

Professor: Dann ist es gut! Oder wie sagt schon der Lateiner? Er sagt: sub aqua, sub aqua, maledicere temptant!

Frau Prof.: Gewiss, Edi!

Professor: Halt, noch eins! In Bälde wird der Primus meiner Prima erscheinen, um mir die Klassenhefte zu übergeben, auf dass ich sie korrigiere. Empfange du sie und ihn, und sei freundlich zu dem jungen Mann! Sein Vater ist Oberpostsekretär!

Frau Prof.: Ich werde freundlich zu ihm sein. Vielleicht kriegen wir dann die Briefmarken billiger?!

Professor: Eben! (blickt aus dem Fenster) Doch schau! Es naht bereits der Jüngling mit den Heften! Adieu! (ab)

Frau Prof.: Adieu, Edi!

– – – *Kurze Pause* – – –

Josef: *(auf mit Heften unter dem Arm. Bleibt an der Tür stehen)*

Frau Prof.: Aber so kommen Sie doch näher!

Josef: Ich bin der Heftling.

Frau Prof.: Was, bitte, sind Sie?

Josef: Ich bin der Jüngling mit den Heften.

Frau Prof.: Ach so, legen Sie sie nur dorthin.

Josef: (tut es, will ab) Auf Wiedersehn!

Frau Prof.: Aber, aber! Warum denn so eilig? – Wie heißen Sie denn, Sie Schnellhefter?

Josef: Josef.

Frau Prof.: Mit f oder ph?

Josef: Mit J.

Frau Prof.: Josef ist ein schöner Name. – Nehmen Sie doch etwas Platz, Josef! – Trinken Sie eine Tasse Tee mit mir?

Josef: Nein, danke! Ich habe erst vorgestern Tee getrunken …

Frau Prof.: *(lächelnd)* Ja dann …! – So setzen Sie sich doch wenigstens!

Josef: *(bleibt stehen)*

Frau Prof.: Darf ich Ihnen einen Keks anbieten? Oder haben Sie keinen Appetit?

Josef: Danke! Ich bin im Moment völlig unappetitlich.

Frau Prof.: Ich hörte von meinem Mann, Sie seien der Primus Ihrer Prima?!

Josef: Jawohl!

Frau Prof.: Das ist ja prima … Allerdings habe ich mir einen Primus immer viel feuriger vorgestellt … Wie alt sind Sie eigentlich?

Josef: Achtzehn.

Frau Prof.: Sie sind so hübsch und noch so herrlich jung, Josef! …

Josef: Früher war ich noch jünger …

Frau Prof.: Gefalle ich Ihnen gar nicht, Josef?

Josef: Doch, ganz nett …

Frau Prof.: Haben Sie eigentlich schon mal geküsst, Josef?

Josef: Nein, das haben wir noch nicht gehabt …

*Licht aus**

* *Um Missverständnissen vorzubeugen: Dieses „Licht aus" heißt so viel wie „Vorhang zu" und nicht, dass die Frau Professor es jetzt lieber dunkel gehabt hätte …!*

Der vertauschte Mantel

Personen:

Dr. Otto Wallner . . . . Bruce Low

Liesel, seine Frau. . . . . Waltraud Diederichs

Willi Ebner . . . . Heinz Erhardt

Zunzi . . . . Undine v. Medvey

Frl. Ganz, Sekretärin
bei Wallner . . . . Katherina Bäumer

Bühnenbild:

Gemütliches Wohnzimmer, Telefon, 1 Tisch, 2 Stühle

Otto: (tritt vor den Vorhang): … Und nun stellen Sie sich vor: Ich komme nichts ahnend nach Hause, betrete das Wohnzimmer und sehe über dem Stuhl – nein, bitte sehen Sie sich das mal an, wie das war! (verschwindet hinter dem Vorhang)

Vorhang auf

Die Bühne bleibt einen Moment leer, dann tritt Otto auf und ruft:

Otto: Liesl! – Fräulein Ganz!

Frl. Ganz (auf): Sie haben geläutet, Herr Doktor?

Otto: Ja! – Wo ist meine Frau?

Frl. Ganz: Ihre Frau hat sich hingelegt.

Otto: Was, jetzt nachmittags um vier? (sieht über dem Stuhl den Trenchcoat). Was hat mein Trenchcoat hier zu suchen?

Frl. Ganz: Weiß ich nicht! Ich hatte ihn im Vorzimmer hingehängt. Wahrscheinlich hat ihn Ihre Frau da hingelegt.

Otto: So, meine Frau hat ihn … (greift entsetzt nach dem Mantel). Ach, du lieber Himmel! (sucht in den Taschen) Der Brief ist weg!

Frl. Ganz: Haben Sie was verloren?

Otto: Ja, den Verstand!

Frl. Ganz: Was bitte?

Otto: Nichts Besonderes! – Sie können gehen! (Frl. Ganz ab) Der Brief ist weg! – Das hat mir gerade noch gefehlt! (Sieht das Telefon, es kommt ihm ein Gedanke, er wählt eine Nummer, spricht, ab und zu ängstlich nach hinten blickend) Hallo! – Willi? Ja, Gott sei Dank, hör mal, du musst mir einen ganz großen Gefallen erweisen! – Du gehst sofort zu Kempler in die Königstraße und kaufst dir einen Trenchcoat, genau so einen, wie ich ihn vor drei Wochen dort gekauft habe! Der Verkäufer, Bauer heißt er, kennt mich. Sag ihm, du möchtest genau den gleichen Mantel haben, den ich vor drei Wochen bei ihm gekauft habe. Da hingen noch eine Menge von der Sorte … Was? Wozu ich zwei gleiche Mäntel brauche? Ach, Mensch, der eine Mantel gehört doch dir! … Was heißt, du brauchst keinen Mantel? Pass mal auf! Meine Frau hat nämlich in meinem Mantel einen Liebesbrief gefunden … einen Liebesbrief!!! – Von wem? Von einem Ringkämpfer, du Trottel! Lach nicht so blöd, pass lieber auf! Du ziehst den Mantel an, kommst hierher und sagst Folgendes … Nein, noch besser: nimm dir ein Stück Papier und einen Bleistift und schreib dir alles schön auf, was ich dir jetzt sage! … Hast du alles da? Also –

Frl. Ganz: (tritt auf, sieht den Mantel, auf dem Otto sitzt, und will ihn fortnehmen)

Otto: (spricht weiter) Also du sagst … (zu Frl. Ganz) Was ist denn los? Machen Sie, dass Sie rauskommen! (Ins Telefon) Nein, du sollst das nicht sagen, ich habe das gerade gesagt …

Frl. Ganz: Ich wollte nur den Mantel …

Otto: (zu ihr): Ich brauche jetzt keinen Mantel! (ins Telefon) Doch ja! Natürlich brauche ich den Mantel!!! Das war nur hier, weil … (zu Frl. Ganz) Sie machen mich ganz nervös! Machen Sie, dass Sie rauskommen!

Frl. Ganz: (ohne Mantel ab)

Otto: (ins Telefon): Nein, bleib da! Das galt doch gar nicht dir! Das galt doch dem Fräulein Ganz! Wieso? Wieso kannst du nicht mehr durchblicken? – Aber die Sache ist doch sonnenklar! … Du gehst zu Kempler in die Königstraße, kaufst den Regenmantel, ziehst ihn an, kommst hierher und sagst Folgendes: Entschuldige, Otto, dass ich störe – aber nein, natürlich störst du nicht!!! Du sollst das nur sagen! … Ja! … Also: Entschuldige, dass ich störe, aber wir haben gestern Nachmittag nach dem großen Regen im Klub unsere Mäntel vertauscht … Nein, nicht eingetauscht! Vertauscht! Verwechselt! … Ja … warum nicht gleich so! … Pass auf! Meine Frau soll nämlich glauben, du seist ein großer Frauenliebling, ein (sucht nach dem Ausdruck) ein Belami! … Was ist denn mit dir los? … Was heißt wau-wau – warum bellst du denn? … Ach, Mensch: Belami … Belami, wie dieses Lied: (singt) Du hast Glück bei den Frauen, Belami … nee, singen brauchst du das nicht … Ach nee, hast du wirklich alles verstanden? Oh, was bist du klug! … Du, Willi, jetzt tu mir den einundzwanzigsten Gefallen und beeile dich! Es brennt! … Nein, nicht die Feuerwehr alarmieren! … Es brennt, es eilt! – Ja, ja, nimm dir einen Wagen!!! Tschüs! (Legt den Hörer auf) Ach, ach, wenn das man gutgeht! Wenn der Willi das bloß richtig macht!!!

Liesl: (hustet hinter der Szene)

Otto: Meine Frau! (nimmt eine Zeitung, setzt sich hin, liest und singt)

Liesl: (auf): Du singst?

Otto: (mit gespielter Überraschung) Liesl! Da bist du ja! Das ist aber schön! Hab ich dich gestört?

Liesl: Nein, mich kannst du nie mehr stören!

Otto: Oh, du bist aber heute nicht sehr freundlich zu mir! Fehlt dir vielleicht was?

Liesl: Ach nein, nichts!

Otto: (geht zu ihr) Aber Liebling, gib es

	doch zu! Du hast Kopfschmerzen oder so was Ähnliches, nicht wahr? Armes Kind, so was kann sehr wehtun … Das kommt vom Wetter!
Liesl:	(laut) Woher kommt das?
Otto:	Vom Wetter! – Sieh mal, dieser plötzliche Witterungsumschlag, da kriegt eben so ein kleines Köpfchen Kopfschmerzen. (will ihr über das Haar streichen)
Liesl:	Lass das!
Otto:	Also bitte, was ist eigentlich los?
Liesl:	Du Schuft!
Otto:	Was heißt das?
Liesl:	Brief!
Otto:	Brief? – Was heißt Brief?
Liesl:	Gestern hast du doch deinen Trenchcoat angehabt, nicht wahr?
Otto:	Ja, hätte ich vielleicht bei dem Regen eine Tennishose anziehen sollen? Schließlich ist ja so ein Trenchcoat dafür da, dass man ihn bei Regenwetter anzieht!

Liesl: Und dass man Liebesbriefe in seine Taschen steckt?! Da! (gibt ihm den Brief)

Otto: Was ist das? Ein Liebesbrief? (lacht)

Liesl: Da lachst du auch noch?

Otto: Na ja, was soll ich weiter machen? (liest) „Mein liebes kleines Foxl … (lacht weiter) Mein liebes kleines …" Das ist ja ein komischer Brief! – Du glaubst doch nicht etwa, dass ich der Hund bin?! (liest) „Wie entzückend warst du heute Nachmittag! Schon im Kino warst du so voll Ungeduld, dass du das Ende des Films gar nicht mehr erwarten konntest, sondern mich gleich fortgeschleppt hast. Ich küsse deinen gefühlvollen Mund und erwarte dich Dienstag, wie gewöhnlich. Deine dumme, verliebte kleine Zunzi." Wie kann ein Mensch bloß Zunzi heißen?

Liesl: (reißt ihm den Brief aus der Hand) Unerhört!

Otto: Ich kann ja verstehen, dass du eifersüchtig bist, und ich verzeihe dir ja auch –

Liesl: Du mir?!

Otto: Aber Liebling … Also gut, ich stelle fest, du hast in meinem Mantel einen Liebesbrief gefunden. Ich habe nur keine Ahnung, wie er da hineingekommen ist!

Liesl: Ach!

Otto: Aber Liebes, weshalb hätte ich dich denn betrügen sollen?!

Liesl: Wahrscheinlich, weil du mit mir verheiratet bist!

Otto: Also bitte, ich ersuche dich jetzt allen Ernstes –

Liesl: Reg dich nur nicht künstlich auf! – Du Schlepper!

Otto: Schlepper? Was ist denn das? Aber Liebling, sei doch vernünftig, lass uns uns doch wieder vertragen!

Liesl: Nein, nicht bevor diese Sache klargestellt ist! (ab)

Otto: (geht ihr nach) Hoffentlich kommt bald der Willi … (ihr nach)

Frl. Ganz: (mit Willi auf) Bitte hier nur einzutreten!

Willi: (hat einen Trenchcoat an, außerdem einen alten Mantel über dem Arm)

Frl. Ganz: Wollen Sie Herrn oder Frau Dr. Wallner sprechen?

Willi: Ja, bitte sehr!

Frl. Ganz: Wie bitte?

Willi: Ja, das ist ziemlich egal.

Frl. Ganz: Wollen Sie nicht ablegen?

Willi: Nein, den Mantel muss ich anbehalten.

Frl. Ganz: Und den anderen? (deutet auf den Mantel über dem Arm)

Willi: Nee, das ist der, in dem ich nachher wieder nach Hause gehen werde!

Frl. Ganz: Das wird Ihnen aber zu heiß werden!

Willi: Ja, das fürchte ich auch! Ich kann aber darauf keine Rücksicht nehmen, Herr Dr. Wallner hat nämlich bei mir angerufen und mir gesagt, dass sein Man-

	tel mein Mantel sei. – Haben Sie das verstanden?
Frl. Ganz:	Nein!
Willi:	Ich auch nicht! – Aber da Sie gerade hier rumstehen, können Sie beides ja mit hinausschleppen! (gibt ihr Hut und Mantel)
Frl. Ganz:	Bitte schön! (geht ab. Willi sieht ihr nach, und wie er dem Publikum den Rücken zudreht, bemerkt man das hinten hängende Preisschild)
Liesl:	(auf mit Koffer und Buch) Ach, Willi, Sie sind hier?
Willi:	Ja! Oh, was sehe ich, Sie verreisen?
Liesl:	Ja!
Willi:	Wohin denn?
Liesl:	Das weiß ich noch nicht!
Willi:	Da soll es ja sehr hübsch sein!
Liesl:	Halten Sie doch bitte mal! (gibt ihm das Buch)
Willi:	Störe ich quasi?
Liesl:	Aber nein, es freut mich aufrichtig! – Aber nehmen Sie doch Platz!

Willi:	Danke! (liest im Buch)
Liesl:	(öffnet den Koffer) Darf ich um das Buch bitten?
Willi:	Ja, das kenne ich auch schon! (gibt es ihr)
Liesl:	Wie geht es Ihnen?
Willi:	Soso – lala!
Otto:	(auf) Willi! – Da bist du ja! (schüttelt ihm überfreudig die Hand) Das ist aber nett, dass du dich wieder mal bei uns sehen lässt!
Willi:	Du hast ja bei mir angerufen. (auf)
Otto:	(stößt ihn in die Rippen) Das ist aber eine Überraschung! – Aber setz dich doch!
Willi:	Nee, ich hab schon gesessen!
Liesl:	Willi, so nehmen Sie doch Platz. Und ziehen Sie Ihren Mantel aus.
Willi:	(setzt sich) Janein. – Des Mantels wegen weile ich ja ursächlich hier.
Otto:	(zu Willi) Hast du an deinem Mantel gar nichts bemerkt? (reißt dreimal verstohlen am Etikett, beim dritten

	Mal reißt er es los und zeigt es Willi) Komm, nun fang schon an!
Willi:	(nimmt einen Zettel aus dem Mantel) Das war so: Gestern nach dem großen Regen, waren Otto und ich in den Klub gegangen, Komma.
Otto:	(stößt ihn an)
Willi:	Und dort haben wir unsere Mäntel vertauscht. Machen Sie, dass Sie rauskommen! …
Liesl:	Was sagen Sie da?
Otto:	Na, und weiter?
Willi:	Ja, nun trägt Otto meinen Mantel; und ich trag seinen. (lacht albern)
Liesl:	(springt freudig auf) Der Brief!
Willi:	(springt erschreckt mit auf)
Otto:	Ach, so ist das? Es wird mir so manches klar! Also bitte, Liesl, was sagst du jetzt?
Liesl:	(erfreut) Wirklich, Otto, das hätte ich nie gedacht!
Otto:	Ich auch nicht! (beide fassen sich an den Händen und schunkeln)

Willi: Was gibt es denn da zu schaukeln? – Ich habe den Mantel gekauft …

Otto: (stößt ihn)

Willi: Und vertauscht! Erst gekauft und dann vertauscht. Das kann ja mal vorkommen!

Otto: Das sage ich doch schon die ganze Zeit! – Das kann ja schließlich jedem mal passieren! (beide lachen, zu Willi) Aber weißt du, dass das beinahe sehr böse ausgegangen wäre?

Willi: (sieht auf den Zettel) Wieso? Das habe ich gar nicht hier drauf!

Otto: (stößt ihn) Willi, Willi! Das nächste Mal bist du etwas vorsichtiger, nicht wahr? Vor allem vergiss keinen Liebesbrief in den Taschen deines Mantels!

Willi: Was denn für einen Liebesbrief?

Otto: (eindringlich) Wir haben doch in der Tasche deines Mantels einen Liebesbrief gefunden!!

Willi: Ach ja, ich entsinne mich finster!

Otto: (wie oben) Von der Zunzi!

Willi: Wie heißt die Dame?

Otto: Zunzi!

Liesl: (überreicht Willi den Brief) Bitte, er gehört Ihnen!

Willi: (nimmt ihn) Jetzt schäme ich mich einigermaßen.

Liesl: Nein, ich schäme mich, weil ich ihn ohne jede Berechtigung gelesen habe. Aber keine Angst, ich bin verschwiegen, obgleich ich auf Ihre Zunzi ganz besonders neugierig bin. Das muss ja eine entzückende Freundin sein!

Otto: Das kann man wohl sagen!

Liesl: Woher weißt du denn das?

Otto: Ich? Oh, der Willi ist bekannt dafür! Er hat immer einen guten Geschmack gehabt!

Liesl: Der Willi?

Otto: Jaaa, er ist ein Belami!

Willi: Ach, jetzt kommt das!?!

Otto: (macht ihm Zeichen, Willi erschrickt)

Liesl: Was hat er denn? – Es würde mich wirklich interessieren, sie kennenzulernen. Ich möchte sehen, wie so ein kleines Mädel aussieht, das man ungeduldig aus dem Kino fortschleppt!

Willi: Aus was für einem Kino denn?

Otto: Aber Willi, nun leugne doch nicht länger! Das steht doch alles drin in dem Brief!

Willi: Ach so, den habe ich ja noch nicht gelesen! (alle lachen)

Liesl: Sagen Sie, Willi, wann treffen Sie sie wieder?

Willi: (sieht fragend auf Otto, der, um den Dienstag anzudeuten, hinter Liesls Rücken zwei Finger hochhebt) Am zweiten – zweimal am Tag – zwei Minuten vor zwei –

Liesl: (sieht sich verwundert nach Otto um und bemerkt dabei sein Gehampel. Otto, ertappt, tut, als fange er eine Mücke, die er zu Boden wirft und tottritt) Was soll denn das?

Otto: Tot!

Liesl: Sei nicht so albern!

Willi: (auf den Boden zeigend) Hier hockt noch eine!

Liesl: Also, Willi, wann treffen Sie sie wieder?

Willi: (versteht Ottos Zeichen nicht) Er spricht so leise!

Liesl: Wer?

Willi: Am Freitag, sagen wir mal.

Liesl: In dem Brief steht aber Dienstag!

Willi: Das ist es ja eben! Der Dienstag ist ihr Freitag! Da hat sie frei – am Dienstag!

Liesl: Sagen Sie, wie sieht sie eigentlich aus?

Otto: (zeigt mit der Hand bis zum Hals, um ihre Größe anzudeuten)

Willi: Sie hat's im Hals – sie steht mir bis zum Hals – sie geht mir bis zum Hals –

Liesl: Was für ein Typ ist sie? Ist sie schwarz?

Willi: Nein, sie ist eine Weiße!

Liesl: (lachend) Ich meine, ist sie groß oder klein?

Otto: (zeigt durch Kniebeuge ihre Kleinheit an)

Willi: Sie hat krumme Beine!

Otto: (ringt die Hände)

Willi: Und sie ringt immer so die Hände.

Liesl: Was ist sie denn von Beruf?

Otto: (macht springende Tanzbewegungen)

Willi: Springerin!

Liesl: Was?? – Ach so, Springerin im Weitsprung?

Otto: (macht wieder Tanzbewegungen)

Willi: Nein, im Seitensprung!

Otto: (rudert mit den Händen)

Willi: Und sie schwimmt!

Otto: (klettert verzweifelt am Vorhang hoch)

Willi: Und dann klettert sie immer so hoch!

Otto: (hüpft immer verzweifelter umher)

Willi: (hüpft mit, bis er verzweifelt auf einen Stuhl sinkt)

Otto: (eilt zu ihm und umarmt ihn tröstend) Nun quäl doch den armen Jungen nicht so! Du kannst die Menschen aber auch wirklich fertigmachen!

Liesl: Lass mich doch! Ich habe doch Verständnis für so was!

Otto: Ja, dein Verständnis kenne ich! Willi, ich habe leider keine Zeit mehr, gib mir doch bitte meinen Mantel wieder!

Willi: (zieht den Mantel aus) Da! – Hoffentlich passt er dir!

Otto: (stößt ihn an) Warum soll mir denn mein Mantel auf einmal nicht mehr passen?

Willi: Ja, nicht? – Was soll die Frage!?

Otto: Du redest manchmal ein Zeug zusammen … Hier hast du deinen Mantel! (gibt ihm den, der auf dem Stuhl lag) Na, Liesl, ist alles wieder in Ordnung?

Liesl: Ja, natürlich!

Otto: Gott sei Dank! Willi, besuche uns recht bald wieder!

Willi: Ja, wenn du wieder mal 'n Mantel brauchst …

Otto: Eech … Also, komm nur, wann du Lust hast!

Liesl: Aber nur nicht am Dienstag!

Willi: Warum denn nicht am Dienstag?

Liesl: Na, der gehört doch der Zunzi!

Otto: Ach ja, richtig!

Liesl: Was geht dich denn das an?

Otto: Oh, das geht mich – gar nichts an!

Liesl: Entschuldigt mich mal einen Moment! Ich muss mal nach dem Essen schauen! (ab)

Willi: Wie ist denn eigentlich die Zunzi?

Otto: Ach, Zunzi ist süß! Nur manchmal, da geht ihr ungarisches Temperament mit ihr durch!

Willi: Joj, joj, joj!

Otto: Dann kriegt sie furchtbare Eifersuchtsanwandlungen! Wenn die eine Ahnung hätte, dass ich verheiratet bin – sie würde mich glatt umbringen!

Willi: Das wäre keine schlechte Lösung! – Sie weiß also nicht, dass du eine Frau hast?

Otto: I bewahre! Im Gegenteil, sie hofft doch, dass ich sie eines Tages heiraten werde!

Willi: Ach, du mein lieber Mon bien! Wenn das rauskommt, bist du aber drin, was?

Otto: Nun mal bloß nicht den Teufel an die Wand!

Willi: Nein, ich kann ja gar nicht mahlen! – Ich bin ja kein Müller!

Otto: Willi, Mensch, jetzt fällt mir was ein! Mir kann ja gar nichts passieren! – Nein, mir kann gar nichts passieren! Sie weiß ja gar nicht meinen richtigen Namen! (beide lachen herzhaft)

Willi: Du Schelm! Unter welchem Namen hast du dich denn vorgestellt?

Otto: Unter deinem …

Willi: (plötzlich ernst) Das verbitte ich mir!

Otto: Aber warum denn?

Willi: Das verbitte ich mir sogar ganz verschieden!

Otto: Das hat doch bei uns schon beinahe Tradition!

Willi: Ach was, Tradition!

Otto: Willi, ich habe mir doch früher immer deinen Namen ausgeliehen!

Willi: Ich bitte dich jetzt ein für alle Mal, das von jetzt ab zu hinterlassen!

Otto: Was kann dir das schon schaden?

Willi: Was kann mir das schaden? Mein Name wird abgenützt! – Ich lasse mich nicht länger von dir terrorasieren!

Otto: Was ist denn plötzlich los?

Willi: Otto, schäme dich vor deiner Frau! Sie ist ein Engel! Eine Elfe! Eine Zwölfe!

Otto: (äfft ihn nach) Elfe, Zwölfe!

Willi: Was bist du denn so albern?

Otto: Ach was!

Willi: Du hättest schon längst mit der Zunzi …

Otto: Ich weiß, schon längst hätte ich Schluss machen sollen … (Telefon) Ja, hallo? – Die Zunzi!!! (gibt Willi den Apparat) Sprich du mit ihr! Sie ist doch deine Freundin!

Willi: (während er in der Zerstreuung den Hörer in die Hosentasche steckt) Nee, sprich du mit ihr! Du kennst sie …

Otto:	(lacht, nimmt den Apparat, sucht den Hörer) Wo ist denn der Hörer?
Willi:	(zieht ihn aus der Hosentasche) Da ist er ja! – Und ich denke immer, wer spricht da unten! …
Otto:	(ins Telefon) Nein, Zunzilein, du irrst dich ganz gewaltig, ich bin hier bei einem Freund … wirklich!
Willi:	Gib mal her (nimmt den Hörer) Zunzilein, ich bin sein Freund! Ich bin Willi Ebner!
Otto:	(will ihm den Hörer entreißen) Um Gottes willen, das bin ich doch!!!
Willi:	Nein, ich habe mich geirrt – er ist das ja heute – ich bin heute ganz verstreut.
Otto:	(hat den Hörer genommen) Aber Zunzilein, wer erzählt dir so was?! Ach wo, das stimmt doch alles nicht! – Du! – Mach keine Dummheiten! – Nein, nein!!!
Willi:	Was ist denn?
Otto:	Nein, nicht vom 4. Stock herunterspringen!!!

Willi:	Sie ist doch eine Springerin!
Otto:	Aber das Haus hat doch nur drei Stockwerke!
Willi:	Vielleicht hat man inzwischen aufgestockt?
Otto:	(zu Willi) Ach was! (ins Telefon) Warte noch einen Augenblick! Ich komme gleich hin zu dir! (hängt auf) Jetzt ist die Katastrophe da!
Willi:	Was für 'ne Katastrophe?
Otto:	Denk dir, sie hat einen Detektiv beauftragt!
Willi:	Deine Frau?
Otto:	Ach, Unsinn, die Zunzi!
Willi:	Da kann ich nur sagen „joi-joi"!
Otto:	Sie hat nämlich rausgekriegt, dass ich sehr oft mit einer fremden Frau in einer fremden Wohnung zusammentreffe!
Willi:	Aber das stimmt doch gar nicht!
Otto:	Natürlich stimmt das!
Willi:	Wieso, hast du denn noch eine?
Otto:	Natürlich nicht!

Willi: Welche Wohnung meint sie dann denn – denn dann?

Otto: Hier! – Meine eigene!

Willi: Wieso ist die fremde Wohnung deine eigene?

Otto: Und so was schläft in einem Bett! Also pass auf! Sie hat noch keine Ahnung, dass dieser Dr. Wallner, ich –

Willi: Ja, das bist du!

Otto: – dass dieser Dr. Wallner, dessen Schild unten am Hause hängt –

Willi: Ach, du hast ein Schild unten am Hause hängen?

Otto: Natürlich habe ich als Bürger ein Schild am Hause hängen!

Willi: Dann bist du ja ein Schildbürger!

Otto: Nun hör doch endlich mal aufmerksam zu! Sie hat doch keine Ahnung, dass dieser Dr. Wallner, dessen Namen und Telefonnummer sie höchstwahrscheinlich von dem Detektiv erfahren hat – dass der mit mir identisch ist!

Willi: Ja, das ist ja toll!

Otto: Hast du mich verstanden?

Willi: Nee!

Otto: Jetzt glaubt sie doch, dass ich mit meiner eigenen Frau ein Verhältnis habe!

Willi: Pfui Deiwel! – Ja, wieso? Du kannst doch mit deiner Frau ein eigenes Verhältnis haben!

Otto: Verstehst du denn immer noch nicht?

Willi: Das kommt alles so plötzlich …

Otto: Junge, Junge! (schreit) Jetzt glaubt sie, dass Willi ein Verhältnis mit Frau Wallner hat!

Willi: Schrei doch leiser, ich bin ja nicht blind!

Otto: (resigniert) Also hör zu! Sie bildet sich ein, dass du ein Verhältnis mit meiner Frau hast!

Willi: Das wär schön!

Otto: Waaas?

Willi: Das wär ja noch schöner! – Ach was, ich mach jetzt Schluss mit der Zunzi! Mit mir auch! Ich häng mich nieder

– ich schieß mich auf! Ich werf mich hinter den Zug!!! – (Beide zu verschiedenen Seiten ab)

(Lärm hinter der Szene)

Die Stimme von Frl. Ganz:
Wen darf ich melden?

Die Stimme von Zunzi:
Niemand! Ich will die Frau des Hauses sprechen! Unter vier Augen!

Die Stimme vom Frl. Ganz:
Bitte sehr!

Zunzi: (auf) Das ist mir noch nicht passiert, so was!

Liesl: (auf) Sie wollen mich sprechen? Mit wem habe ich das Vergnügen?

Zunzi: Wenn ich Ihnen meinen Namen nenne, wissen Sie auch nicht mehr. Ich bin nämlich wegen Willi gekommen!

Liesl: Ach, Fräulein Zunzi?

Zunzi: Sie kennen meinen Namen? – Dann wissen Sie wohl auch, dass ich Willis Freundin bin?

Liesl: So ungefähr!

Zunzi:	Nicht so ungefähr! Ich bin offiziell, sozusagen gesetzlich, seine Freundin!
Liesl:	Und warum sagen Sie mir das alles?
Zunzi:	Weil ich weiß, dass Willi Sie liebt!
Liesl:	So? Woher wissen Sie das?
Zunzi:	Ich habe ihm nachspionieren lassen! Ich weiß, dass Willi seine ganze freie Zeit hier bei Ihnen verbringt! – Er wohnt ja beinahe hier! Er isst hier, er trinkt hier, vielleicht badet er sogar hier!
Liesl:	Nun ist es aber genug! – Nehmen Sie Ihren Willi! Behalten Sie ihn, und werden Sie mit ihm glücklich! (geht zur Tür) Willi!!! Eine Dame will Sie dringend sprechen!
Willi:	(auf) Guten Tag!
Liesl:	Bitte, hier ist Ihre Zunzi!
Zunzi:	Waas? Das ist doch –
Liesl:	Nun tun Sie bloß nicht so, als hätten Sie sich im Leben noch niemals gesehen!

Willi: (hüpft auf Zunzi zu) Zunzili!!!

Liesl: Erledigen Sie Ihre Angelegenheiten unter vier Augen! Ich will zwei liebende Herzen nicht voneinander trennen! (ab)

Willi: (nach einer Pause) Mahlzeit!

Zunzi: (erschlagen) Mahlzeit!

Willi: Also Sie sind die Zunzi?

Zunzi: Und wer sind Sie?

Willi: Ich bin Ihr Freund!

Zunzi: Aber ich habe Sie ja noch nie im Leben gesehen!

Willi: Das macht nichts! Ich habe jetzt keine Zeit für Erklärungen! Die Dame da drinnen muss glauben, dass Sie meine Freundin sind. Können Sie mir geistig folgen?

Zunzi: Nein!

Willi: Das dachte ich mir! Ich – ich bin Willi Ebner! Wenn Ihr wirklicher Freund hier hereinkommt, dann dürfen Sie ihn nicht kennen! Dann ist er für Sie Luft – verdünnter Äther!

Zunzi: Aber mein wirklicher Freund ist doch Willi Ebner!

Willi: Ach, papperlapapp! – Ihr wirklicher Freund ist der Gatte dieser Dame da drinnen! Er hat sich Ihnen nur unter meinem Namen vorgestellt!

Zunzi: Waas? – Oh, er hat mich betrogen! Er hat mir was vorgelogen! So ein Schuft, Schuft, Schuft. (stampft mit den Füßen)

Willi: So, und jetzt spielen wir mal was anderes! Sie müssen jetzt zärtlich zu mir sein! Sie müssen mich umarmen, küssen, loslassen, wieder küssen, wieder loslassen, damit die Dame denkt –

Zunzi: Ich werde Sie nicht umarmen, küssen und wieder loslassen –

Willi: Doch, das müssen Sie machen! Ich schenke Ihnen auch was!

Zunzi: Was denn?

Willi: ’n paar Felle.

Zunzi: Was für Felle?

Willi: Niagarafelle –

Zunzi: Und wann bekomme ich die Felle?

Willi: Morgen auf alle Fälle! – So, nun wollen wir mal proben! Seien Sie zärtlich!

Zunzi: Bitte, wie Sie wollen! (parodistisch) Mein einzig Geliebter! Verlasse mich nicht!

Willi: (immer ängstlich um sich blickend) Leiser!

Zunzi: (leiser) Geh nicht fort von mir! Hab ich das verdient für meine Tage und Nächte?!

Willi: Lauter!

Zunzi: Lauter Nächte! – Für meine Unschuld, die ich dir geopfert habe?!

Willi: Nicht übertreiben! – Sie kommt!!!

Zunzi: (sich steigernd) Du, gib acht! Wenn du mich verlässt, spring ich aus dem Fenster! Hilfe, Hilfe!!!

Liesl: (stürzt herein) Aber Fräulein Zunzi! Machen Sie doch keine Dummheiten!

Zunzi: Ich kann nicht leben ohne ihn!

Liesl: Das sollen Sie auch nicht! – Willi, ich hoffe, Sie wissen, was Sie zu tun haben! Ich war ungewollt der Grund zu dieser Szene – ich will alles wiedergutmachen! Geben Sie mir Ihre Hand, Fräulein Zunzi –

Zunzi (reicht ihr die Hand)

Liesl: Sie auch, lieber Willi –

Willi: (reicht die falsche)

Liesl: Die andere! – So, Kinder, versöhnt euch – küsst euch!

Zunzi: (springt Willi um den Hals) Mein Geliebter!

Otto: (auf) Was ist denn hier los?

Liesl: Gestatte, dass ich dir vorstelle: Fräulein Zunzi, Willis Braut!

Otto: Häääh! (fällt in einen Stuhl)

Zunzi: (zu Otto) Sehr angenehm, Herr Doktor!

Willi: Na, Otto, bin ich nun ein Belami? – Ich habe ja schon immer für Ungarn geschwärmt, nicht wahr? Joj, joj, joj! (tanzt mit Zunzi 16 Takte ungarisch).

Vorhang

Hebet die Pokale!!!

Eine Dichtung in Altdeutsch

Ritter Kunibert

Clothilde, sein Weib

Ritter Geierblick

Der Page

Johann

Die Mannen

Ort: Bei Ritter Kunibert

Zeit: Mittelalter

Dieses Werk gibt es mit Musik. Sie werden sicher dafür Verständnis haben, dass es nachstehend ohne dieselbe erscheint.

Kunibert: Gieße ein!

Mannen: Stoßt an!

Kunibert: Und hebet die Pokale! – Nur Maß halten! Des Menschen größte Tugend ist die Mäßigkeit! Denn hinfort mit dem Humpen funkelnden Weins! Man bringe mir einen Apfelsaft!

Mannen: Ein Apfelsaft!

Kunibert: Johann!

Johann: Herr Baron wünschen?

Kunibert: Rapport!

Johann: Laut Herrn Barons Dispositionen ist für heute präzise 12 Uhr 25 ein Raubüberfall auf die Karawane des Spediteurs Meier vorgesehen, welche laut eben erhaltener Meldung die Chaussee bei der Burg gegen halb 13 Uhr passieren dürfte!

Kunibert: O.K.! O käme doch der Apfelsaft!
(Page mit Apfelsaft)

Mannen: Der Apfelsaft!

Kunibert: Prost! (trinkt)

Page: Mit Verlaub, erlauchter Herre, die Herrin naht und bittet, Euer Liebden sehen zu dürfen!

Kunibert: Mein teures Weib?

Page: Ihr sagt es, Herre!

Kunibert: Ich gestatte meinem Weib, mich auf kurze Zeit zu belästigen!

Page: Es naht edle, minnigliche milde,
Euch angetraute Frau Clothilde!
(Clothilde tritt auf)

Kunibert: Nun liebes Kind, du willst wahrscheinlich wieder Wirtschaftsgeld von mir?

Clothilde: Mitnichten, mein Gebieter! Ich habe von gestern noch fürs heutge Abendbrot vom Wildschwein, das Ihr auf der Sauhatz gestern habt erlegt!

Kunibert: Wenn das nur langt? Heut kommt mein lieber Nachbar und Zechkumpan, der Edle von Geierblick, zu einem Schnäpschen!

Clothilde: (erschreckt und erfreut zugleich) O Herre, was hört mein Ohr!!!

Kunibert: (ahnt was) Als du den Namen Geierblick gehört, warum hat sich dein Antlitz rot geforben?

Clothilde: (für sich) Schweig still, mein Herz, der Lüge fremd! Verrat mich nicht, mein glühend Antlitz!
(zum Gatten) Mein Held und Ritter, glaube mir, der Wangen Purpur galt nur dir! O zweifle nicht eines Weibes Treue!

Kunibert: Clochen! Eines Ritters Augen sehen scharf wie die des Falken! Wenn der von Geierblick erscheint, dann rötet sich dein Antlitz! Bewahr die Treue Weib, sonst dreh ich dir den Kragen um!

Clothilde: Mein Held und Ritter, glaube mir, mit meinem Ei, mit meinem Ei, mit meinem Eide schwör ichs dir!

Kunibert: Was gilt schon eines Weibes Eid?!

Clothilde: Zu schwören bin ich gern bereit! (durch die Mitte ab)

Mannen: Es naht der edle Geier, es naht der edle Blick, es naht der edle Geierblick! (Geierblick kommt)

Kunibert: Willkommen, edler Recke!

Geierblick: Danke gleichfalls!

Kunibert: Nimm Platz, mein Freund und Nachbar!

Geierblick: Danke gleichfalls!

Kunibert: Was gibt es Neues? Wie geht es?

Geierblick: Soso, lala! Hast du denn heute schon was geraubt?

Kunibert: Ich erhob mich eben erst vom Lager! – Johann!

Johann: (eilt herbei) Herr Baron wünschen?

Kunibert: Bring Wein her!

Geierblick: Am frühen Morgen Wein, das frommt mir nicht! Am frühen Morgen Wein, bekommt mir nicht! (Page gießt ein)

Kunibert: Stoß an!

Geierblick: Ich kann nicht! Ich mag so früh am Tag ihn nicht! (Clothilde tritt auf)

Johann: Herr Baron, erlauben Sie die Kurzweil zu stören, aber es ist Zeit, zum geplanten Raubüberfall auf die Karawane des Spediteurs Meier aufzubrechen!

Mannen: Mir nach!!! (ab)

Kunibert: Mir nach!!! (ab, alle gehen außer Geierblick und Clothilde)

Geierblick: Endlich allein!

Clothilde: Ich fühle, wie ich schwach werde!

Geierblick: Werde schwach, mein Engel, und fall

in meine Arme, die dich bebbernd erwarten! Ich liebe dich!!!

Clothilde: Ich liebe dich!!!

Geierblick: Ich liebe dich!!!

Clothilde: Ich liebe dich!!!

Kunibert: (erscheint) Buhlerisches Weib!!! In seinen Armen!!! Dirne!!! Meine Ahnung! !!

Clothilde: Jetzt ist es aus! Der schöne Traum geträumt! Des Lebens Freuden, ach, sind karg bemessen! Clothilde, scheid von dieser Welt! Ein Sprung vom Felsen – und du bist hinüber!!! (stürzt sich hinab)

Geierblick: Jetzt ist sie unten angekommen –

Johann: Achtung!

Mannen: (Mannen auf) Fertig!

Johann und Mannen: Los!!!

(Kunibert und Geierblick fechten.
Kunibert fällt)

Kunibert: Verdammtes Schwert, es traf mich eben. Doch schwächer werden Herz und Lunge – Junge – Junge (stirbt)

Johann: Achtung!

Mannen: Fertig!!!

Johann und Mannen: Los!!!

(Page und Geierblick fechten. Geierblick fällt)

Geierblick: Weh mir! Ich fühle mich getroffen!!! Der Bube traf mich, ich gesteh es offen!!! Ich werd mich jetzt verfärben und sterben!!! Bye-Bye – (stirbt)

Johann: Achtung!!!

Mannen: Fertig!!!

Johann und Mannen: Los!!!

Page: Ein Stich, ein Loch – ach – Nun bin ich tot so wie noch nie – Verzeiht mir, wie ich euch verzieh.
(ersticht sich)

Mannen und Johann: Doch wir, die wir noch leben, wir wolln jetzt einen heben!!!
Gieße ein!!!
Stoßt an!!!
Und hebet die Pokale!!!

Ende

Kreuz und quer

Es sprach der junge Rittersmann:
„Was fang ich bloß zu Hause an?
Knapp, packe Sack und Kisten!
Wir ziehen an das Kriegsgewand
und ziehen aus ins Morgenland
im Namen aller Christen!“

Gesagt, getan! Sowohl der Knapp
als auch der Ritter reisten ab.
Sie reisten und sie reisten!
Sie trafen Regen, Sturm und Blitz;
jedoch im Morgenland die Hitz,
die störte sie am meisten!

Die trugen stolz der Rüstung Zier
und auch den Helm mit dem Visier,
obwohl sie transpirierten.
Und stand die Sonne im Zenit,
dann sangen sie ein frommes Lied –
das half, wenn sie marschierten!

Sie schlugen trotz der Übermacht
des Feindes ihn in einer Nacht
mit Mann und Ross und Wagen!
Es starb so mancher Heidenhund
im heißen Wüstensand aufgrund
der Kirche sozusagen.

Nach siebzehn Monden zogen dann
der Knappe und der Rittersmann
mit Sack und Pack und Kisten
heim ins gelobte Abendland
und zogen aus das Kriegsgewand
und wurden wieder Christen!

Geschichten um Ritter Fips von Fipsenstein

Ritter Fips als Kind

Der kleine Fipsi war als Kind
ganz anders als sonst Kinder sind:
Nie zog er einen Hund am Schwanz,
und auch Insekten blieben ganz.

Er biss auch seine Amme nie,
wusch ihn mit einem Schwamme sie.

Schlussfolgerung:
Nicht immer bleibt ein Rittersmann
so tugendhaft, wie er begann.

Ritter Fips und seine erste Rüstung

Als sie den Ritter Fips im Jahr
elfhundertsiebenzehn gebar,
zog die Mama dem kleinen Mann
als Erstes eine Rüstung an,
die sie, bei Nacht und oft ermüdet,
für ihn gelötet und geschmiedet,
damit er gegen allerlei
Gefahren wohlgerüstet sei.

Schlussfolgerung:
Die Rüstung muss, ist man noch klein,
besonders unten rostfrei sein.

Ritter Fips und das Hirn

An einem Sonntag frug Klein Fips
seine Mama: „Mama, was gibts
denn heute Mittag sozusagen
zu essen? Darf ich das mal fragen?“

„Gewiss“, sprach sie mit mildem Glanz
im Auge, „heute gibt es ganz
was Feines, etwas für verwöhnte Mägen
und fürn Verstand: Heut gibt es Brägen!
Davon kriegst du, mein lieber Sohn,
gleich eine doppelte Portion!“

Schlussfolgerung:
Doch selten nur, lehrt die Erfahrung, ist
Hirn, gebraten, geist’ge Nahrung.

Ritter Fips und des Sängers Fluch(t)

Herr Fips sprach zu dem Knappen Heiner:
„Nanu, da draußen singt ja einer?!
Gib ihm zwei Groschen, und er möge
bald sehen, dass er weiterzöge!
Und sag ihm, dass hier niemand wohne,
für den zu singen es sich lohne!"

Der Knappe tat, wie man befahl.
Da trat der Sänger in den Saal,
warf Fips die Groschen ins Gesicht:
„Den Dank, Ritter, begehr ich nicht!
Du bist ein Geizhals! Bist verrucht!",
und ging. Das war des Sängers Flucht.

Schlussfolgerung:
Man gebe Sängern für die Lieder
nie zu viel Geld. Sonst komm'n sie wieder.

Ritter Fips und das Geigenspiel

Mit falschen Tönen, doch nicht feige,
strich Fips die Saiten seiner Geige,
bis ihm die Mutter sagte: „Fips!
Ich tret nicht gern dir auf den Schlips!
Doch darf ein Fips von Fipsenstein
nicht bloß ein kleiner Geiger sein!
Du bist der Mitwelt Größres schuldig!“
„Na schön“, sprach da der Sohn geduldig,
„ich weiß was Größeres: Ich latsche
zu Meister Bim und lerne Bratsche!“

Schlussfolgerung:
Man kann, des größren Hohlraums wegen,
weit mehr noch in ein Cello legen.

Ritter Fips und die Schule

Der Knabe Fips (sehr traurig das!),
der hatte gegens Lernen was!
Zum Beispiel: Schreiben oder Lesen –
dies beides lag nicht seinem Wesen,
und auch dem Rechnen mit den Brüchen
war er beharrlich ausgewichen.

Doch was er schätzte, selbst in Serien,
das waren jedes Mal die Ferien,
die er von sich aus noch ergänzte,
indem er gern die Schule schwänzte.

Schlussfolgerung:
Man sieht aus diesem allen klar,
dass Fips normal veranlagt war.

Ritter Fips und das Küchenpersonal

Des jungen Fipsen liebste Schliche,
das waren die in Richtung Küche.

Zuerst stand er am Herd und roch,
was er da Schönes kocht, der Koch;
doch galt hauptsächlich sein Intresse
nicht etwa dem, was er heut esse
mitnichten: Es galt der Mathilde,
der Antje, aber auch der Hilde,
die Teller wuschen, Silber putzten
und so der Küche trefflich nutzten.

Mit diesen Damen trieb der Sohn
des Hauses dann Konversation.

Schlussfolgerung:
Der Jugend Hang für Küchenmädchen
konnte schon Wilhelm Busch bestät'chen.

Ritter Fips und des Nachbarn Bier

Der junge Ritter Fips begab sich
sehr oft zum Nachbarschloss. (Er hab sich,
so wurde allgemein gedacht,
des Nachbarn Tochter angelacht.)
Jedoch war für den stillen Wandrer
der Grund zum Wandern ein ganz andrer.

Er wollte eruiern, ob durch
die Erdkruste von Burch zu Burch
es möglich wär, 'nen Gang zu graben,
um einen kürzern Weg zu haben.
„Denn", sprach er, „drüben ist das Bier
viel würziger als hier bei mir! –
Dann könnt ich zusätzlich erwägen,
aus Schläuchen Leitungen zu legen,
die, unsichtbar für Nachbaraugen,
durch diesen Gang das Bier hersaugen.
Ich hätte dann, wenns keiner merkt,
genug vom Trank, der mich so stärkt!"

Doch leider, wie so oft im Leben,
ging dieser böse Plan daneben!

Eine gewalt'ge Feuersbrunst
hüllte des Nachbarn Schloss in Dunst!
Man spritzte zwar aus allen Rohren,
doch schien die Burg total verloren,
bis einer schließlich darauf kam
und 's Bier zur Brandbekämpfung nahm –
und siehe da, das Bier war gut:
Es bändigte des Feuers Wut!

Doch dadurch war Herr Fips der Sorge
enthoben, wie er Bier sich borge.

Schlussfolgerung:
Das Bier löscht nicht nur, wie bekannt,
den Durst. Nein, es löscht jeden Brand.

Ritter Fips und die Diät

Des edlen Ritters Fips Bestreben
ging dahin, streng Diät zu leben,
denn er entdeckte dies: Stieg ganz er
vom Kopf bis Fuß in seinen Panzer,
nachdem er aß, was sie ihm brieten,
dann platzte er aus allen Nieten.
Deshalb genoss er ohne frohes
Gefühl Gemüse – und nur rohes.

Wie floss das Wasser ihm zusamm'
im Mund, sah er ein fettes Lamm!
An Suppen dacht er mit App'tit,
die er, genau wie Pudding, mied!

Jedoch, durch den Entzug des Fetts,
der Karbonaden und Kotletts
geriet gar bald in Harnisch er –
und siehe, plötzlich passte der!

Schlussfolgerung:
Den Harnisch schafft der kluge Mann
sich gleich 'ne Nummer größer an.

Ritter Fips als Held

Der Ritter Fips beschloss verwegen,
ein Ungeheuer zu erlegen,
das, gar nicht weit von seinem Schloss,
die Untertanen sehr verdross.
Es war viel größer als ein Bär
und zehnmal kräftiger als der.

So stieg Herr Fips denn auf den Wallach,
verabschiedete sich überall, ach,
und ritt dann voll des Ungestüms
zum Wohnsitz dieses Ungetüms.
Und da geschahs, dass kurz vorm Ziel
er aus Versehn vom Pferde fiel. –

Bald drauf, den Kiefer ausgeklinkt,
kam er per pedes heimgehinkt.
(Das Ross lief, gleich nach diesem Fall,
nach Haus und stand bereits im Stall.)

Es herrschte Jubel angesichts
des Helden – doch er sagte nichts …

Schlussfolgerung:
Es hat nur selten der gesprochen,
der sich den Kiefer grad gebrochen.

Ritter Fips und das Zahnweh

Herr Fips bemerkte kummervoll,
dass ihm die eine Backe schwoll.
Das war an sich nicht schlimm, jedoch
der Schmerz, der aus dem Zahnloch kroch,
der bohrte, zog und quälte ihn.

Da bat Herr Fips um Medizin
den Doktor Stups. Der braute einen
gesunden Trank aus Mückenbeinen,
aus dem Urin der Vogelspinne –
(auch etwas Milz vom Frosch war drinne) –
und noch so was … Da sprach der Kranke,
als er das Tränklein sah: „Nein, danke!
Eh gegen Schmerzen aus dem Kelche
ich trinke, hab ich lieber welche!“

Schlussfolgerung:
Es werden Schmerzen erst, nachdem
sie nachgelassen, angenehm.

Ritter Fips und das Echo

Herr Fips, geharnischt und beschildet,
war in Musik recht ungebildet,
doch wurd es Frühling und dann Mai,
vielleicht auch Juni, einerlei,
dann griff er mutig in die Saiten,
um sich zur Laute zu begleiten
zu Weisen, welche ihm entwichen
und eher einem Brüllen glichen.

Bis zum Gebirg drangen die Lieder
und kamen dann als Echo wieder,
sodass man sie, was jeden störte,
nach kurzer Zeit noch einmal hörte.
Doch wagte niemand, Fips zu zwingen
zur *andern* Seite hinzusingen,
wo eine, weil dort flach das Land,
Gefahr des Echos nicht bestand.

Schlussfolgerung:
Die von Gesang nicht viel verstehn,
die lassen auch am besten den.

Ritter Fips und die Jungfrau

Bei jedem Wetter, auch beim Sturme,
rief man es mehrmals laut vom Turme:
„Hört, Leute, was wir euch verkünden:
Fips will eine Familie gründen!
Drum wünscht und hofft er, dass in Bälde
sich eine Jungfrau bei ihm melde!"

Es hub ein Suchen an und Spähen,
doch keine Jungfrau war zu sehen.
Die einzige, die man gefunden,
wurd grad von einem Kind entbunden.

Schlussfolgerung:
Will jemand eine Jungfrau frein,
darf er nicht so penibel sein.

Ritter Fips und der zweiköpfige Drache

Es schaffte sich der Rittersmann
Fips einen alten Drachen an,
der durch sein grimmes Köpfepaar
natürlich doppelt wachsam war:
wenn ein Kopf grade schlafen tat,
dann war der andere auf Draht!

Doch fraß der Drache, stark und sehnig,
für die zwei Köpfe äußerst wenig:
man reichte ihm alle drei Wochen
'ne rohe Magd mit ohne Knochen.

Und fraß er sie, dann briet er sie
im Feuer, das er ständig spie.

Schlussfolgerung:
Recht sparsam und 'ne feine Sache
ist ohne Zweifel so ein Drache.

Ritter Fips und das Burgverlies

Fips sprach zu seinem Knappen dies:
„Wir steigen jetzt ins Burgverlies!
Besorg uns eine Menge Lichts,
denn: Ist es dunkel, sieht man nichts!"

Da sprach der Knappe voll des Leids:
„Geh nicht hinunter, Herr, vermeid's!"
„Schön", sagte Fips, „wenn du dich bangst,
bleib oben! Ich hab keine Angst!"
Und schon sah man mit Zuversicht,
mit Gottvertrauen und mit Licht
ihn in den Keller abwärts steigen …
Er war allein …
Ihm wurde eigen …

Da! Plötzlich saß dort, nein, wie nett,
ein Mensch! Vielmehr nur sein Skelett.
Ihm fehlten Haar, Fleisch und Gesicht –
doch störte das den Ritter nicht!
Im Gegenteil, er fand es fein,
dann war er hier nicht so allein!

Mithilfe seines Lichts besah
er sich den Toten von ganz nah –
und da erschrak er dann denn doch,
als aus dem Mund 'ne Kröte kroch …

Schlussfolgerung:
Das Angstgefühl im Burgverlies
verlässt dich erst, verließt du dies.

Ritter Fips und der Magere

Es war bekannt, dass Ritter Fips
zwar Kraft besaß, doch wenig Grips,
denn fragte man ihn was beim Quiz,
nie wusste er dann, was es is'!

Da so was peinlich ist auf Reisen,
war Dr. Hadubrand zu preisen,
der, äußerst mager von Figur,
ab nun stets mit dem Ritter fuhr.

So konnte diesem bei Turnieren,
bei geistigen, nicht viel passieren,
denn machte er sich etwas dünn,
stak Hadu mit im Panzer drin
und konnte so auf alle Fragen
die Antwort leis von hinten sagen!

Schlussfolgerung:
Man muss sich notfalls jemand mieten,
hat man an Geist selbst nichts zu bieten.

Ritter Fips und die Mandeln

Fips – nur um den kann sichs hier handeln! –
erkrankte schwer an seinen Mandeln,
weshalb er bat, wenn auch nicht gerne,
dass man die Dinger ihm entferne.

Herr Dr. Stips, der zuständig
für Leiden war, die inwendig,
gab erst einmal, wie früher stets,
Fips einen Schlag auf dessen Dez,
griff dann zu dem Skalpell, dem blanken,
und operierte unsren Kranken.

Seitdem sah man nur ohne Mandeln
Herrn Fips durch die Gemächer wandeln.

Schlussfolgerung:
Warum sich mit den Mandeln quälen?
Man siehts ja nicht, wenn sie dir fehlen.

Ritter Fips und das Wagenrennen

An manchen hohen Feiertagen
bestieg Herr Fips den Zweiradwagen
und rief: „Ihr Rosse, vier und feurig!
Trabt los! Zu meinem Sieg euch steur' ich!"

Und hui!, schon flog das Renngespann
mit Peitschenknall und Rittersmann
durch Wald und Wiesen, Feld und Flur,
und alles staunte: „Wie Ben Hur!"
Er traf auch stets als Erster ein
kein Wunder, er fuhr ja allein!

Schlussfolgerung:
Gibt Pferden man eins hinten drauf,
beschleunigen sie vorn den Lauf.

Ritter Fips und der Zweikampf

Es zog ein reicher Kaufmannssohn
mit Spezerein und Munition
vorbei an Ritter Fipsens Schloss,
was diesen überaus verdross!
Drum kam Fips, vollgetankt mit Bier
(doch roch mans nicht, weil das Visier,
wie stets bei ihm und bei Gefahr,
bis untenhin geschlossen war),
dem Kaufmannssohn auf schnellsten Wegen
nicht freundlich zwar – aber entgegen.

Der Kampf – denn jeder wollte siegen!
fand statt auf Brechen und auf Biegen,
und nur durch Stellen eines Beins
verlor der Kaufmann null zu eins
und schließlich auch sein Haupt als solches
durch einen scharfen Schnitt des Dolches!

Schlussfolgerung:
Es lohnt sich, keinen Hut zu tragen,
endet der Mensch bereits beim Kragen.

Ritter Fips und das Team

Lag Ritter Fips im Bett und schlief –
sein Schlaf war, wie man wusste, tief! –,
befand am Ende von dem Bett
sich stets ein Trio, ein Terzett,
und dies bestand aus gutem Grund
aus Eule, Sittich und dem Hund.

Die Eule – Wunder der Natur! –
sah alles gut im Dunkeln nur,
drum war ihr Nutzen nicht gering,
falls jemand nachts durchs Zimmer ging.

Der Sittich – das erstaunte jeden! –
vermochte wiederum zu reden.
Und machte ihn die Eule wach,
so dachte er nicht lange nach,
nein, er rief gleich: „Hier spricht der Sittich!
Nun bell mal, blöder Hund, ich bitt dich!"
Und schon ertönte – man war baff! –
ein aufgeregtes „waff-waff-waff".

Und der Effekt? In Eile nahm
der Feind den Weg, auf dem er kam …

Schlussfolgerung:
Die Teamarbeit ist, siehe oben,
stets zu empfehlen und zu loben.

Ritter Fips und sein Sekretär 1

Herr Fips gehörte zu der Sorte
von Rittern, denen manche Worte,
wenn sie dieselben schreiben sollten,
nicht richtig von der Feder wollten.

So hielten beispielsweise diese
kaum stand der strengen Expertise:
Triumph und Trumpf! Fips konnt die beiden
Vokabeln schwer nur unterscheiden:
Mal schrieb er *Trumph* mit p und h,
mal stand *Triumpf* mit pf da.

Das wurmte ihn. Drum suchte er
und fand bald einen Sekretär,
der – und nicht diese Wörter bloß –
ganz deutlich schrieb und fehlerlos.

Schlussfolgerung:
Ein Sekretär ist auch noch jetzt
– und sei's als Möbel – hoch geschätzt.

Ritter Fips und sein Sekretär 2

An einem Morgen sprach Herr Fips
zu seinem Sekretär: „Da, tipp's!
Das hab ich heute Nacht erdacht
und mühsam zu Papier gebracht.
Dann heft es in ein Heft hinein,
es soll meine Laudatio sein!"

Und wie dies Machwerk nun gewesen,
ist hier im Folgenden zu lesen:
Eine Laudatio
auf den Ritter Fips von Fipsenstein
vom Ritter Fips von Fipsenstein.

Ich bin der gute Ritter Fips,
bins selbst und höchstpersönlich!
Mein Aug ist blau, mein Schwert ist scharf,
an mir ist nichts gewöhnlich!
Ich kam zur Welt und bin nun hier
zum Essen und zum Trinken!
Am liebsten trink ich helles Bier –
und ess am liebsten Schinken!

Ich bin der treue Ritter Fips
voll Sanftmut und voll Güte!
Dass ich mal tu, was sich nicht schickt,
das kommt nicht in die Tüte!
Den Reichen nehm ich Geld und Blut,
hab manchen schon begraben –
den Armen aber bin ich gut,
weil die ja doch nichts haben!

Ich bin der edle Ritter Fips,
bin stolz, gerecht und mutig!
Und nur, wenn ich sehr wütend bin,
nur dann gerat in Wut ich!
Nach Heldentaten steht mein Sinn
und auch nach klugen Werken!
Dass ich ein bisschen dämlich bin,
das ist fast nicht zu merken!

Schlussfolgerung:
Man sollte selber was verfassen
über sich selbst, wenns andre lassen.

Ritter Fips und ein Wochenprogramm

Am Montag, noch auf weicher Daune,
litt Ritter Fips an schlechter Laune.
Das war an sich nicht ungewöhnlich:
Den andern Rittern ging es ähnlich.

Am Dienstagmorgen war der Ritter
bei Nachbarsleuten Babysitter.
Das Kind war siebzehn und hieß Magda –
Herr Fips blieb gleich den ganzen Tag da.

Am Mittwoch zählte er mit Mühe
auf einer Wiese seine Kühe.
Dann legte er sich müde nieder
ins Gras und sah auch Magda wieder.

Am Donnerstag saß Fips im Garten
und spielte dort mit Magda Karten,
wobei ihm bald ein Nullspiel glückte,
weil er geschickt die Dame drückte.

Am Freitag gabs, was Fips nicht mochte,
gebratne Fische und gekochte,
drum schlich er sich mit leerem Magen
zu Magda, wo die Schinken lagen.

Am Samstag ritt auf stillen Wegen
ins Grüne er – und das bei Regen,
erfreute sich an Flor- und Fauna
und dann an Magda in der Sauna.

Am Sonntag ging, für alle Fälle,
der Ritter in die Schlosskapelle.
Er kniete, dachte nach und lag da –
doch das natürlich ohne Magda.

Schlussfolgerung:
Man soll stets gut den Werktag nutzen –
und sonntags seine Seele putzen.

Ritter Fips und der Dichter

Damit's nicht hieße „Fips der Doofe",
war meistens ein Poet am Hofe,
der musste, wollte er auch bleiben,
für seinen Herrn Gedichte schreiben;
und abends dann, beim Kerzenscheine,
las Fips sie vor, als sei'n es seine!

Schlussfolgerung:
Das, was man so als Dichter schreibt,
vergeht entweder oder bleibt.

Ritter Fips und die Zugbrücke

Wie üblich: Auch um Fipsens Schloss
gab es den Fluss, der es umfloss,
und über ihn, aus einem Stücke,
führte aus Holz die schmale Brücke,
die, wenn man hint' am Seile zog,
sich vorne auf- und abwärts bog.

Durch diese Manipulation
errettete sie öfter schon
Herrn Fips, die Mannen und die Damen
vor Feinden, die von draußen kamen.

Und hinter einer dicken Mauer
lag dieser Zweikopf auf der Lauer,
der Drache, dem auf anderm Blatte
ich noch 'n Gedicht gewidmet hatte.

Schlussfolgerung:
Schon damals waren oft die Grenz-
befestigungen ganz immens.

Ritter Fips und seine Läuterung

Herr Fips gehörte, wie Sie ahnen,
zum edlen Stamme der Germanen,
die immer riefen: „Niemals – nie!
Wir sind die diejenigen, die …!“
Macht, Ruhm und Geld sahn sie im Traum noch,
und arbeiteten sie, dann kaum noch –
im Gegenteil: Aus alten Quellen
weiß man, sie lagen meist auf Fellen
und tranken Bier, das schäumend gelbe …
Herr Fips tat ganz genau dasselbe!

Doch eines Tags – das war ein Ding!
geschah es, dass er in sich ging
und sprach: „Wie ist das Leben stur!
Ab heute trink ich Dunkles nur!“

Schlussfolgerung:
Den andern zur Erheiterung
dient stets die eigne Läuterung.

Ritter Fips und das Blutbad

„Ha“, rief Herr Fips, „was kann es schaden,
ich tu das auch mal: Ich geh baden!
Füllt mir die Wanne, seid so gut,
mit frischem, warmem Drachenblut!
Dann bin ich“ – (was in aller Mund war) –
„genau wie Siegfried unverwundbar!“

Ein Trog wurde herbeigeschafft,
den füllte man mit Drachensaft,
denn Drachen gabs zu der Epoch
in jeder Menge, noch und noch!

Als nun Herr Fips dem Bad entstieg
(vor Augen schon den großen Sieg!),
da merkte unser Rittersmann:
Er hatte noch die Rüstung an …

Schlussfolgerung:
Wer baden geht, egal in was,
der tue unbekleidet das.

Ritter Fips im Winter

Der Ritter Fips bemerkte bald:
Wenn Winter ist, dann ist es kalt,
drum war sein Harnisch, was von Reiz war,
von Kopf bis Fuß im Innern heizbar.

So schritt er durch die Stadt – doch litt er,
rief man: „Da kommt der warme Ritter!“

Schlussfolgerung:
Nur wer im Kalten sitzt, der weiß es,
was es bedeutet: etwas Heißes!

Ritter Fips und sein Ende

Der edle Ritter Fips war eines
Tags voll des süßen, roten Weines,
worauf er – oh, sein Kopf wog schwer! –
in einen Sarg kroch. Der war leer.
Hier legte er sich rücklings nieder
und schloss den Deckel und die Lider –
nicht überlegend, dass im Off*
es ihm gebrach an Sauerstoff.

Da dieser für die Atmung wichtig,
verschied Herr Fips. Er lag gleich richtig.

Schlussfolgerung:
Man soll in keinen Sarg sich legen,
will man nur kurz der Ruhe pflegen.

* *„Off“ ist dem Englischen entnommen und bedeutet „Aus“, im übertragenen Sinne auch „Abseits“. Doch diese beiden deutschen Wörter reimen sich nur schlecht auf „Sauerstoff“. Der Verfasser bittet bei den nicht anglophilen Lesern um Nachsicht – wegen der Verfremdung deutscher Lyrik.*

Ritter Fips und sein anderes Ende

Es stand an seines Schlosses Brüstung
der Ritter Fips in voller Rüstung.

Da hörte er von unten Krach
und sprach zu sich: „Ich schau mal nach!“,
und lehnte sich in voller Rüstung
weit über die erwähnte Brüstung.

Hierbei verlor er alsobald
zuerst den Helm und dann den Halt,
wonach – verfolgend stur sein Ziel –
er pausenlos bis unten fiel.
Und hier verlor er durch sein Streben
als Drittes nun auch noch das Leben,
an dem er ganz besonders hing – – –!

Der Blechschaden war nur gering …

Schlussfolgerung:
Falls fallend du vom Dach verschwandest,
so brems, bevor du unten landest.

Zum Schluss

Doch nun wär es besser, wenn ich
endlich enden würde, denn ich
seh es schon an euren Augen,
dass mit Müh nur ihr könnt saugen
auf in euch die Geistesblitze,
welche durch die schmale Ritze
meiner Feder bläulich fließen.
Also gut, ich will jetzt schließen.
Pegasus, hau ab, geh äsen! –
Und
AUF FROHES WIEDERLESEN.

Auf Wiedersehen

Es gibt so viele Abschiedslieder,
man hört im Funk sie immer wieder.
Meistens singt sie ein Tenor,
mal singt er mit, mal ohne Chor.
Ich hab ein wenig nachgedacht
und auch so ’n Abschiedslied gemacht!

Kehrreim:

Lebe wohl, adieu, auf Wiedersehn,
addio, tschüs, na denn, gehab dich wohl!
Nun hau schon ab! Viel Glück, bleib gesund,
ade, machs gut, bis bald, Mahlzeit, Moin!
Ich kann auch auswärts: au revoir, bye-bye,
arrivederci, oder auch proschtschai!
Nun kommt noch: tschau und
servus, na, und jetz’
fehlt nur noch das Zitat vom Götz!

Inhalt

Satierliches und himmlischer Käse

Heinz Erhardt

Satierliches und himmlischer Käse

Weltbild

Genehmigte Lizenzausgabe für Weltbild GmbH & Co. KG,
Werner-von-Siemens-Str. 1, 86159 Augsburg

Umschlaggestaltung: Atelier Seidel, Teising
Umschlagmotiv: © ullstein bild
Druck und Bindung: GGP Media GmbH, Pößneck
Printed in the EU
978-3-8289-3926-4

2018 2017
Die letzte Jahreszahl gibt die aktuelle Lizenzausgabe an.

Prolog

Nicht immer war ich schon so alt –
das machten erst die Jahre.
Die Stirne wuchs mit dem Verstand
im Laufe meiner Haare.
Nun wünsch ich mir, dass, was ich schrieb,
auch frohe Leser findet,
dann möge dieser Band das Band
sein, welches uns verbindet.

Himmlischer Käse

Der Mond hing neulich oben
wie ’n Camembert,
genauso gelb und schimmlig
und rund wie der.
Doch wie ich heute hinguck,
seh ich, o Schreck,
da ist er gar nicht rund mehr,
ein Stück ist weg.
Es haben sicher Englein
an ihm genascht!
Dass so was Englein dürfen,
das überrascht.

An einen Kollegen

Kennst du das große graue Haus
da draußen vor der Stadt?
Bist du erst drin, kommst du nicht raus,
weil alles Gitter hat.
Hat nie dein Herz vor Ängsten laut,
gingst du vorbei, gepocht?
Sei ruhig, wer nur Pointen klaut,
der wird nicht eingelocht!

Die Made

Hinter eines Baumes Rinde
wohnt die Made mit dem Kinde.

Sie ist Witwe, denn der Gatte,
den sie hatte, fiel vom Blatte.
Diente so auf diese Weise
einer Ameise als Speise.

Eines Morgens sprach die Made:
„Liebes Kind, ich sehe grade,
drüben gibt es frischen Kohl,
den ich hol. So leb denn wohl!
Halt, noch eins! Denk, was geschah,
geh nicht aus, denk an Papa!“

Also sprach sie und entwich. –
Made junior aber schlich
hinterdrein; doch das war schlecht!
Denn schon kam ein bunter Specht
und verschlang die kleine fade
Made ohne Gnade. Schade!

Hinter eines Baumes Rinde
ruft die Made nach dem Kinde …

Aphorismen

Das Programm neigt sich dem Anfang zu.

Das mittlere Alter ist da, wenn
der Haarschnitt allmählich in
Naturschutz übergeht.

Ich kann keinen Wurm krümmen,
der mir am Herzen nagt.

Wenn ich Käse esse, lasse ich
die Made links liegen.

Der kleine Engel

Geht ein kleiner Engel
durch das kleine Haus.
Löscht die kleinen Lichter
und die Lampe aus.

Drückt die müden Augen
sanft und heimlich zu,
spannt die bunten Träume
über deine Ruh.

Hält zu deinen Häupten
dann die ganze Nacht
mit zwei weißen Flügeln
treu und lautlos Wacht.

Der verstimmte Elefant

Jede Mücke hat den kleinen
Rüssel, der so oft und gerne sticht,
auch der Elefant hat einen,
aber stechen kann er damit nicht.
Deshalb ist wohl unser Riese
leider immer irgendwie verstimmt,
grade so, als ob er diese
Schwäche seinem Schöpfer übel nimmt.

Der Stier

Ein jeder Stier hat oben vorn
auf jeder Seite je ein Horn;
doch ist es ihm nicht zuzumuten,
auf so ’nem Horn auch noch zu tuten.
Nicht drum, weil er nicht tuten kann,
nein, er kommt mit dem Maul nicht ran!

Der Spatz

Es flog ein Spatz spazieren
hinaus aus großer Stadt.
Er hatte all die Menschen
und ihr Getue satt.

Er spitzte keck den Schnabel
und pfiff sich was ins Ohr.
Er kam sich hier weit draußen
wie eine Lerche vor.

Er traf hier auch manch Rindvieh,
sah auch manch Haufen Mist …
Er sah, dass es woanders
auch nicht viel anders ist.

Wandrer am Morgen

Morgens, wenn noch alle schlafen
und noch alles liegt in Ruh,
geht der Wandrer aus dem Hause
und dem fernen Ziele zu.
Gar nichts rührt sich,
gar nichts regt sich,
selbst der Wind ist noch nicht wach –
nur die frühen Lerchen singen,
und der Wandrer macht es nach …

Wandrer am Abend

Abends, wenn schon alle schlafen
und schon alles liegt in Ruh,
geht der Wandrer aus dem Hause
und dem nahen Ziele zu.
Gar nichts rührt sich,
gar nichts regt sich,
selbst der Wind schläft schon ganz fest –
nur der Wandrer in der Kneipe
singt, solange man ihn lässt.

Anhänglichkeit

Das Kind hängt an der Mutter,
der Bauer an dem Land,
der Protestant an Luther,
das Ölbild an der Wand.
Der Weinberg hängt voll Reben,
der Hund an Herrchens Blick,
der eine hängt am Leben,
der andere am Strick …

Danach

Ich reiste solo durch die Tropen,
sah Affen, Gnus und Antilopen
und – leider viel zu spät – den Tiger!
Er kam von hinten und blieb Sieger! –

Nun sitz ich hier im Paradiese
mit andern Engeln auf der Wiese.
Man ist sich noch ein wenig fremd.
Zwei Flügel wachsen durch mein Hemd –

Das Steckenpferd

Der eine liebt Konkretes nur,
der andre das Abstrakte,
der Dritte schwärmt für die Natur
und deshalb für das Nackte.
Der Vierte mag nur Fleisch vom Schwein,
der Fünfte Milch und Eier,
der Sechste liebt den Moselwein,
der Siebte Fräulein Meier.
Für jeden gibt es was von Wert,
für das er lebt und streitet,
und jeder hat sein Steckenpferd,
auf dem er immer reitet.

Birnen

Birnen sind die schönsten Früchte,
die ein Denkerhirn erfunden;
denn mit ihrem weißen Lichte
schenken sie uns Tagesstunden
wieder, die wir sonst versäumen –
doch sie stören uns beim Träumen.
Deshalb Schluss, wir drehn am Schalter!

Und die Sonne seines Lebens
sucht der arme graue Falter
in der Finsternis vergebens …

Zoologischer Vortrag

Ich sitze eben in meinem Wohnzimmer, umgeben von Bildern verschiedener Maler, wobei ich betonen möchte, dass hier „verschieden“ nicht mit „verstorben“ identisch ist, denn Werke verstorbener Maler sind zu teuer, ebenso teuer wie die Butter. (Bei welcher Gelegenheit ich mir nicht die Bemerkung verkneifen kann, dass es ja ganz schön ist, wenn alles in Butter ist, dass es aber weniger schön ist, wenn alles Mögliche in der Butter ist.) Ich sitze also in meinem Wohnzimmer, vor mir die Schreibmaschine. Manche Leute verstehen es, aus einer Mücke einen Elefanten zu machen. Dass man aber aus einem Elefanten und einer Mücke etwas machen kann, ohne sich aus ihnen etwas zu machen, das bewies uns neulich ein Vortrag, der diesen beiden Rüsselträgern gewidmet wurde. Obwohl also beide Tiere einen Rüssel haben, haben sie nicht viel miteinander gemein – mit Ausnahme der Mücke, die wirklich gemein ist. Denn wie oft benutzt sie ihren Rüssel zum Stechen, egal wen und wohin.

Der Elefant ist für so etwas viel zu vornehm. Während die Mücke ein Säugetier ist, wovon sich in jedem Sommer jeder Leichtbekleidete leicht überzeugen kann, legt der Elefant Eier, denen die so genannten Elefantenküken entschlüpfen. Der Elefant zeichnet sich durch größte Bescheidenheit aus. Wenn nämlich seine letzte Stunde schlägt, so schlägt er sich still und heimlich in die Büsche, um dort seine Seele durch den Rüssel auszuhauchen.

Anders die Mücke, dieses eitle Ding! Sobald sie fühlt, dass sich ihre letzte Minute nähert, nähert sie sich einem Menschen und singt ihm so lange ihre Chansons vor, bis der in die Hände klatscht und sie dazwischengerät. Sie ist dann derart erschlagen, dass nicht nur von ihr, sondern auch ihr nichts übrig bleibt, als sich zu den Vätern zu versammeln.

Irgendwo im Mückenhimmel kommt sie dann wieder zu sich, was bedeutend besser ist, als wenn sie wieder zu uns käme.

Der Leu und die Gazelle

Durch die Wüste schreitet der Leu,
blickt sich um, als wär er hier neu,
brüllt!

Schreckerstarrt verharrt die Gazelle,
die den Durst an schattiger Stelle
stillt!

Dann entfernt sich der Löwe nach Norden,
keiner weiß, was aus ihm geworden.
Die Gazell' aber rennt nach Westen –
das war für sie auch am besten …

Affig

Was uns vom Affen unterscheidet
ist nur der Fakt, dass man sich kleidet.
Warum man sonst Textilien macht,
das hat noch keiner rausgebracht.

Wenn's Publikum zu lachen liebt,
lachts oft, wo's nichts zu lachen gibt.
Warum es jetzt zum Beispiel lacht,
das hat noch keiner rausgebracht.

Der Affe

(lat. Apis modernicus)

Im Gegensatz zu einer verbreiteten Auffassung stammt der Affe vom Menschen ab, was an seiner fortschrittlichen Haltung unschwer zu beweisen ist.

1. Der Affe ist schon vor geraumer Zeit wegen der Umweltverschmutzung und ihrer Folgen auf die Bäume geflüchtet. Von den Baumwipfeln herab hat er eine prächtige Fernsicht.

2. Der Affe bedient sich bei der Fortbewegung auch der Arme. Auch er hat erkannt, dass sich bei der Benutzung aller vier Bewegungsgliedmaßen die Sprungkraft und die Schnelligkeit verdoppeln.

3. Der Affe verzichtet aus Gründen der Menschlichkeit seit langem auf Fleischnahrung. Durch seine rein vegetarische Kost benötigt er keine Schlachthöfe mehr und erkrankt auch nicht

an den Spritzen und Giften, die den Schlachttieren kurz vor ihrem grässlichen Tod verabreicht werden.

4. Der Affe führt auch keine Kriege mehr, seit er dem Christentum abgeschworen und sich Allah zugewandt hat. So tötet er nicht nur nicht seine Mitaffen, sondern betreibt Vielweiberei, um damit ein Anwachsen der alten Jungfern zu verhindern.

Es ist nur zu wünschen, dass der Fortschritt vom Menschen zum Affen auch weiterhin so stetig bleibt.

Der Löwe

(lat. Leonides prankmähnus)

Die Freundin vom Löwen heißt Löwenzahn. Der Löwe trägt eine riesige Mähne, während sie nur wenig behaart ist.

Der Löwe ist ein sehr zahlreiches Tier, denn man sieht ihn in jedem Zoo. Dort bewohnt er meist ein prächtiges Appartement, sodass man hier dem typischen Salonlöwen gegenübersteht.

Der Löwe fällt in der Wüste kaum auf, weil er auch gelb ist. Die Ein-, Zwei- oder Dreigeborenen fangen ihn, indem sie ein Schild vor ihre Dörfer stellen, auf dem in arabischer oder schwarzer Sprache steht: Eintritt für Löwen verboten! Nun kann der Löwe aber nicht lesen!

Der Löwe oder auch Leu besitzt einen guten Leumund. Es fällt ihm nicht schwer, ganze Ochsen in ihm wegzutragen.

Der Löwe lebt im schwarzen Erdteil. Er ähnelt sehr unserer Hauskatze. Nur wird er einige Nummern größer als diese, was kein Wunder ist, denn Afrika ist ja auch größer als unser Europa.

Aphorismen

Manchmal hilft nur noch Zähne hoch und Kopf zusammenbeißen.

Die Miniröcke sind so mini geworden, dass den Motten die Hungersnot droht.

Ich bin ein richtiger Pechpilz, niemals fällt mir das kleinste Schwein in den Schoß.

Das Hausschwein im Paradies

Die Dicken sind es, die sich seit Julius Cäsar, der bekanntlich eine Schwäche für starke Männer hatte, größter Wertschätzung erfreuen, weil sie gutmütig, hilfreich und freundlich sind. Man sollte deshalb manchem Beamten eine Schwerstarbeiterzulage bewilligen, nicht, weil er schwer arbeitet, sondern aus dem anderen Grunde.

Nehmen wir zum Beispiel die Schlange. Sie ist lang und dünn und kann sehr giftig sein, einerlei, ob man sie im Walde antrifft oder vor einer Kasse im überfüllten Selbstbedienungsladen.

Wie viel liebenswerter dagegen sind unsere rundlichen Hausschweine! Selbst nach ihrem seligen Ende spricht man freundlich von ihnen, weil man sie zum Fressen gern hat. Und wäre damals im Paradies statt der Schlange ein braves Schwein dazugekommen, wäre es nicht dazu gekommen, wozu es gekommen ist. Das Schwein hätte den unheilvollen Apfel der Eva sicher nicht angeboten. Es hätte ihn selber gefressen – aus lauter Gutmütigkeit.

Der Frosch

Direktor: Was haben Sie denn auf dem Herzen?

Herr: Auf dem Herzen hab ich nichts! Aber unterm Arm hab ich was!

Direktor: Und was haben Sie da?

Herr: Ein Stück!

Direktor: Ein Stück?

Herr: Ja, ein starkes Stück!

Direktor: Was ist denn das für 'n Stück?

Herr: Ein Theaterstück!

Direktor: Was Klassisches?

Herr: Nein, was Erstklassisches! Es ist von mir!

Direktor: Ach, du lieber Gott!

Herr: Ja, ich lese es Ihnen mal vor.

Direktor: Sie sind wohl verrückt geworden, was? Dafür habe ich jetzt keine Zeit …

Herr: Es sind ja bloß fünf Akte.

Direktor: Aber das ist unmöglich – machen Sie, dass Sie rauskommen!

Herr: Sagen Sie mal – weiß Ihre Frau eigentlich, wo Sie vorgestern Abend waren?

Direktor: Also schön, lesen Sie!

Herr: Das Stück heißt „Der freudlose Weg“ oder „Ei, wer kommt denn da?“. Ein Trauerspiel in fünf Akten.

Direktor: Ich mache Ihnen einen Vorschlag: Kommen Sie morgen.

Herr: Personen der Handlung sind Friedrich Barbarossa, Gottfried Barbarossa, Klara Barbarossa, Egon von Hohenstauffen, Klein Siegfried von Hohenstauffen, Hug-Dietrich von Hohenstauffen, Otto von Habsburg, Wilhelm von Habsburg, Rüdiger von Habsburg. Dazu Frauen, Kinder Greise und einige ältere Leute. Ort der Handlung: Meeresküste. Im Hintergrund das Meer. Rechts und links noch mehr Meer. Die ersten drei Akte spielen um 1700 und der vierte vor dem fünften.

Direktor: Morgen früh …

Herr: Beim Aufgehen des Vorhangs befinden sich folgende Personen auf der Bühne: Friedrich Barbarossa, Gottfried Barbarossa, Klara Barbarossa, Egon von Hohenstauffen, Hug-Dietrich von Hohenstauffen, Otto von Habsburg, Wilhelm von Habsburg, Rüdiger von Habsburg, Klein Siegfried …

Direktor: … von Habsburg!

Herr: Nein, von links – zu Friedrich Barbarossa: Onkel Friedrich, fang mir einen Frosch! Nein, Klein Siegfried, ich fang dir keinen Frosch! Klein Siegfried zu Gottfried Barbarossa: Onkel Gottfried, fang mir einen Frosch! Nein, Klein Siegfried, ich fang dir keinen Frosch!

Direktor: Um Himmels willen, wann fängt man ihm denn endlich einen Frosch?

Herr: Das kommt im dritten Akt!

Direktor: Das ist ja furchtbar!
Bitte hören Sie auf!

Herr: Weiß Ihre Frau, wo Sie vorgestern Abend waren?

Direktor: Lesen Sie, bitte lesen Sie!

Herr: Klein Siegfried zu Hug-Dietrich von Hohenstauffen: Onkel Hug-Dietrich, fang mir einen Frosch! Nein, Klein Siegfried, ich fang dir keinen Frosch! Warum, Onkel Hug-Dietrich, fängst du mir keinen Frosch? Ich werde dir morgen einen Frosch fangen, Klein Siegfried! Warum fängst du mir denn heute keinen Frosch? Weil ich dir erst gestern einen gefangen habe …

Direktor: Das ist ja Irrsinn! Das ist Wahnsinn! Erzählen Sie meinetwegen meiner Frau, wo ich vorgestern Abend war!

Herr: Ja, wo waren Sie denn eigentlich???

Der Maulwurf

Auf Gottes bunter Erdenkruste
bewegt sich Löwe, Hund und Kalb,
der Maulwurf aber, der bewusste,
bewegt sich weiter unterhalb.
Er kümmert sich nicht um Gerüchte,
bohrt sich sein Loch und denkt nicht viel,
auch sehnt er sich nicht nach dem Lichte.
Was über ihm ist, lässt ihn kühl!

Der Guck-Guck

Der Guck-Guck ist ein Vogeltier,
das weiß man ganz genau.
Kommt er jedoch als Hund zur Welt,
so nennt man ihn Schau-Schau.

Hirngespinst

Eine runde weiche Sache
ist das Hirn bei Frau und Mann,
und es ist nicht auszudenken,
was man damit denken kann.
Aber leider kennen viele
nicht den Wert dieser Substanz:
Hilflos gehen sie durchs Leben
wie ’ne Katze ohne Schwanz.

Der Frühling

Wie wundervoll ist die Natur!
Man sieht so viele Blüten,
auch sieht man Schafe auf der Flur
und Schäfer, die sie hüten.
Ein leises Lied erklingt im Tal:
Der müde Wandrer singt es.
Ein süßer Duft ist überall,
bloß hier im Zimmer stinkt es!

In nur vier Zeilen

In nur vier Zeilen was zu sagen
erscheint zwar leicht; doch es ist schwer!
Man braucht ja nur mal nachzuschlagen:
Die meisten Dichter brauchen mehr …

Voller Sanftmut ...

Voller Sanftmut sind die Mienen
und voll Güte ist die Seele,
sie sind stets bereit zu dienen,
deshalb nennt man sie Kamele.

Ich kann nichts dafür...

Ich kann nichts dafür, dass der Mond schon scheint,
und dass nicht der Mond seinen Mondschein schont,
und dass Frau Adele im Wohnheim weint,
weil sie nicht wie früher in Weinheim wohnt.

Ein Nasshorn und ein Trockenhorn

Ein Nasshorn und ein Trockenhorn
spazierten durch die Wüste,
da stolperte das Trockenhorn,
und 's Nasshorn sagte: „Siehste!"

Vogel und Baum

Man sieht die Lerchen mit Gesang
hoch in die Lüfte steigen.
Nur die mit „e“! Die mit dem „ä“,
die stehen da – und schweigen.

Wandspruch

Die Arbeit ist oft unbequem,
die Faulheit ist es nicht, trotzdem:
Der kleinste Ehrgeiz, hat man ihn,
ist stets der Faulheit vorzuziehn!

Aphorismen

Ein Faulpelz ist ein Mensch, der nichts so gerne tut – wie nichts.

Besser eine Stumme im Bett als eine Taube auf dem Dach.

Ein Menschenfresser, der mit Messer und Gabel isst, hat deshalb noch lange keine guten Manieren.

Wer den Schaden hat, spottet jeder Beschreibung.

Schüttelreime

Im Juli gibt es heiße Nächte,
dann fängt man in der Neiße Hechte.

Er würgte eine Klapperschlang,
bis ihre Klapper schlapper klang.

Vom Hasen, vom Hund, vom Papagei und von der Eule

Nachdem ich mich hier versammelt habe, möchte ich zunächst etwas fallen lassen, nämlich die Bemerkung, dass es leichter ist, den Mund zu halten als eine Rede.

Aber nicht mehr lange! Anschließend möchte ich noch sagen, dass es so gut wie fast wenig einen Sinn hat, die Stirn zu fletschen oder die Zähne zu runzeln; denn was sagte schon Heinrich der Verschleimte in seinem Buch „Na also, sprach Zahnarzt Thustra": Alles im Leben geht natürlich zu, nur meine Hose geht natürlich nicht zu! Ja, früher war ich der Schlanksten einer – aber im Laufe der Haare habe ich mich etwas vermehrt. Nur die Brille habe ich schon immer getragen. Auch nachts trage ich sie, dann sehe ich nämlich besser, was ich träume. Wir Brillenträger sind ja zu Höherem geboren. Deshalb sollte ich Dachdecker werden. Ich wurde aber in einer Apotheke angestellt. Als Brechmittel.

Dann wurde ich Pikkolo in einem Restaurant.

Und da habe ich mal aus Versehen einer Dame Mayonnaise in den Ausschnitt gegossen. Um das wiedergutzumachen, habe ich einen Löffel genommen und die Mayonnaise wieder herausgeholt. Aber die Dame hatte das nicht gern – mit 'nem Löffel! Also kriegte ich ein paar hinter dieselben. Ich habe eben zu wenig gelbe Rüben gegessen. Gelbe Rüben sind gut für die Augen. Das sieht man an den Hasen. Hasen essen fast nur gelbe Rüben, und man sieht ganz selten mal einen mit einer Brille.
Aber sonst bin ich Fisch. Ich hatte schon immer Schuppen im Haar, und nun fallen sie mir langsam von den Augen.
Meine Eltern waren zwei Stück. Mein Vater war blödsinnig reich. Er hatte zwei Villen – einen guten und einen bösen. Und dann hatten wir einen Hund, der bellte immer. Und einen Papagei, der konnte sprechen. Und eine Eule, die konnte nachts gucken. Wenn nun ein Einbrecher kam, dann sah ihn die Eule, weckte den Papagei, und der sagte dem Hunde, dass er jetzt bellen müsste.

Früher war ich ein Belami. Früher war überhaupt alles besser. Da machte der liebe Gott die Welt aus dem Nichts. Und jetzt macht er sich nichts aus der Welt.

Wenn man so wie ich die dreißig erreicht hat und schon einige Falten die Stirn haben, sich auf dieser zu zeigen, gelüstet es einen nach frischer Luft, um sie zu schnappen. Also hängt man die dumpfe Stube an den Nagel, wirft sich den Hut um die Schultern und eilt hinaus an den Busen der Natur. In Hamburg, wo ich herkomme, ist er ja ziemlich platt. Deshalb gibt es dort auch so viele Plattdeutsche. Man muss nicht immer nach Italien reisen, in das Land der Pomeronen und Zitranzen. Schließlich ist Rom ja auch nicht an einem Tage von der Wölfin gesäugt worden!

Gibt es etwas Schöneres als einen Eichenwald? Mit einem Gefühl betritt man denselben. Gleich links steht ein Pilz. Aber ich mag kein Bier. Also lasse ich ihn links stehen oder liegen und gehe langsam weiter. Aber auch nicht zu langsam, denn sonst wuchert einem Efeu um die Füße, und dann kann man schwer gehen.

Neulich war ich sogar in Spanien. In Spanien gibt es blödsinnig viele Stiere. Die müssen dort direkt bekämpft werden. Die Stierkämpfer heißen dort Trokaderos. Und schon der alte Zeus, dem seine Frau Juno, dick und rund, bereits Hörner aufgesetzt hatte, hatte sich eines Tages als Stier verkleidet und die damals noch junge Europa so notwendig angestiert. Er machte großen Eindruck auf sie. Er war ja kein Ochse. Deshalb ließ sie sich von ihm mitnehmen. Und seitdem macht Europa einen etwas mitgenommenen Eindruck.

Das wäre schön

Ich glaube, manche junge Frau,
die würd vor Glück zerspringen,
würd ihr der Klapperstorch zum Kind
auch gleich den Vater bringen.

Eichhorn

Warum heißt bloß das Eichhorn „Eichhorn“?
Denn weder hinten, geschweige vorn
hat es ein Horn oder dergleichen,
auch sieht man es nicht nur auf Eichen.
Ein Wort erscheint und tritt in Kraft,
sein Sinn jedoch bleibt schleierhaft.

So lässt mich noch etwas nicht ruhn:
Was hat der Mensch mit „Mensch“ zu tun?

Der Tausendfüßler

Herr: Guten Tag! (lacht) Sie wissen wohl nicht, worüber ich lache?

Dame: Nein!

Herr: Ich komme gar nicht darüber weg, ich habe den ganzen Tag wie ein Idiot gelacht!

Dame: Eben, wie denn sonst?

Herr: Das ist die komischste Geschichte, die ich je gehört habe. Setzen Sie sich bitte, Sie sterben vor Lachen! – Also, da war doch dieser alte Noah mit dem langen Bart und der langen Arche. Und alle Tiere waren in der Arche versammelt, zwei von jeder Sorte. Zwei Löwen, zwei Dromedare, zwei Giraffen, zwei Nashörner – und natürlich waren auch zwei Elefanten dabei, der eine war ein …

Dame: … ein Weibchen!

Herr: Ach, Sie kennen den Witz?

Dame: (gequält) Nein, nein, nein …

Herr: Der ist ja blödsinnig komisch! – Also – es war abends, die Tiere sollten ins Bett. So gingen sie, immer zwei und zwei, hinein, um sich schlafen zu legen. Die großen Löwen, die großen Dromedare, die großen Giraffen, die großen Nashörner …

Dame: Sie brauchen nicht alles aufzuzählen!

Herr: Warten Sie, jetzt kommt's ja erst! Also, auch der Elefant hatte sich in sein riesiges Bett gelegt, und er deckte sich mit dem Rüssel zu. Plötzlich hörte er ein Geräusch über sich. Bumm – ging es! Und wieder! Er richtet sich auf und wackelt mit den großen Ohren und legt sich wieder hin. Bumm! – bumst es wieder. Und gleich darauf wieder bumm, bumm, bumm, bumm! Können Sie sich das vorstellen? Der große Elefant, der daliegt und schlafen will und nicht kann, weil es über seinem Kopf immer wieder bumm, bumm geht.

Dame: Lassen Sie mich raus!

Herr: Aber warten Sie doch, das Beste kommt doch erst! Und wissen Sie, was das war … das war … wie ärgerlich, jetzt komme ich nicht drauf – das war wahnsinnig komisch! Es war ein Insekt … Es fing mit einem „R“ an – nein, mit einem „W“ … Was für Insekten gibt’s denn?

Dame: Tun Sie mir einen Gefallen und lassen Sie mich in Ruh! Sonst fahre ich noch aus der Haut!

Herr: Halt, halt! Jetzt weiß ich, was es war! Es war ein Maikäfer, der sich die Hosen auszog!!!

Der Kuckuck

Der Kuckuck ist ein scheues Reh,
man sieht ihn selten aus der Näh!
Kommt wer, egal von welcher Seite,
so sucht der Kuckuck flugs das Weite.
Er ist nämlich ein wenig bange,
dass man ihn töte oder fange.
In diesem Punkt – warum verschweigen? –
ist unser Vogel etwas eigen.

Ratten

Die Flöte ist für uns Deutsche ein fatales Instrument. Der Alte Fritz, obwohl der Zweite genannt, war der Erste, der uns die Flötentöne beibrachte, und vor einigen Jahrzehnten noch waren wir gewohnt, nach der Pfeife unserer Hin- und Heerführer zu tanzen. Dabei ging dann meistens den hohen Flötenbläsern die Puste aus. Nur der Rattenfänger von Hameln, der sich ja auch dieses Instrumentes bediente, konnte sich rühmen, einen vollen Sieg davongetragen zu haben. Trotzdem gibt es aber nach wie vor Ratten, und auch einige Kinder sind noch nachgeblieben … Zum Glück – für Hameln.

Der Holzwurm

Bei dieser Gelegenheit möchte ich eine Tatsache erwähnen, die bisher die Wissenschaft übersah.

Ein Zoologieprofessor, dessen Name weltbekannt ist – er heißt nämlich Müller –, hat herausgefunden, auf welche Weise sich Holzwürmer untereinander verständigen:

Sie ticken sich an!

Kein Wunder übrigens, denn sie bewegen sich meistens in „anticken" Möbeln!

Die Schwalbe

Sonst ist die Schwalbe schwer zu zügeln,
dann flitzt sie durch die Atmosphäre.
Doch heute schwitzt sie untern Flügeln –
als wenn es noch nicht Frühling wäre!

Vögel

Vögel sind, so steht's im Brehm,
Tiere, welche fliegen,
singen meistens angenehm
und sind schwer zu kriegen.
Fliegen ohne Unterlass,
auch bei größter Hitze,
wär ich Vogel, ließ ich das,
weil ich so leicht schwitze.

Die Gans

(lat. Gansis schnatterensis)

Die Gans ist das wichtigste Haustier und noch über den Hund zu stellen! Man braucht nur einmal zu beobachten, wie die Gans sich benimmt, wenn ein Fremder das Gehöft betritt. Mit gesenktem Haupt, dem Stier vergleichbar, stürzt sie mit furchtbarem Geschnatter auf den Fremdling, sodass er fluchtartig die Flucht ergreift. Nun gut, das tut ein Hund auch. Aber man bedenke, wenn irgendwas von oben kommt! Nur eine Gans ist in der Lage, den Feind bis hoch in die Lüfte zu verfolgen, um ihn dort, falls sie seiner habhaft wird, in der Luft zu zerreißen. Das kann kein Hund … Und dann! Man erinnere sich nur an die heroische Tat der Gänse, als sie in den USA, in Washington, das Capitol retteten. Trotz der nationalen Tat der Gans wird ihr in den USA nicht die Achtung gezollt, der sie wert wäre. Die undankbaren Amerikaner haben vielmehr ihr Herz an den Truthahn gehängt, der zwar auch sehr wachsam ist, dem man aber eine ähnliche

heroische Tat nicht nachweisen kann. Jetzt muss ich leider auf eine Barbarei hinweisen, die ein schlechtes Licht auf einige Mitmenschen wirft: Es soll doch tatsächlich vorkommen, dass einige, denen die Gans so viel Gutes erwiesen hat, diesen Vogel schlachten und dann dessen Fleisch gebraten essen!

Meine Tante

In dem Land, wo die Fakire
tagelang auf Nägeln sitzen,
und wo ziemlich wilde Tiere
durch den dichten Urwald flitzen,
und wo Elefanten leben,
hat man selten Tanten leben.
Meine aber wohnt in Indien,
und von ihr will ich verkündien.

Sie bewohnt dort eine Villa,
die die Palmen ganz verdecken.
Neulich kam mal ein Gorilla,
meine Tante zu erschrecken.
Aber als er sie gefunden,
kriegt er 'n Schreck – und war verschwunden!
Reize hat sie nicht, 's ist richtig,
aber Geld, und das ist wichtig.

Abends badet um halb sechse
sie im Quell, sich zu erquicken,
und die tropischen Gewächse
schützen sie vor fremden Blicken.

Mit des Quells geduld'gen Wellen
wäscht sie sich an allen Stellen,
hüllt sich dann in weißes Linnen,
niest ganz kurz und geht von hinnen.

Der Igel

Der Igel sprach zur Igelin:
„Du weißt nicht, wie verliebt ich bin!
Ich liebe dich wie nichts so.“

Dann drückte er sie fest an sich,
worauf sie schrie: „Auch ich lieb dich,
doch lass das sein, du stichst so!“

An einen Pessimisten

Jede Sorge, Freund, vermeide,
jedes Weh sollst du verachten.
Sieh die Lämmer auf der Weide:
Sie sind fröhlich vor dem Schlachten.
Ahnst du nicht, wie dumm es wär,
wären sie's erst hinterher?

Ein Traum

Ich schlaf nicht gern auf weichen Daunen;
denn statt des Märchenwaldes Raunen
hör ich im Traume all die kleinen
gerupften Gänschen bitter weinen.
Sie kommen an mein Bett und stöhnen
und klappern frierend mit den Zähnen,
und dieses Klappern klingt so schaurig …
Wenn ich erwache, bin ich traurig.

Den Unverstandenen

Stumm ist der Fisch, doch nicht nur er:
Auch einen Wurm verstehst du schwer.

Selbst deines treuen Hunds Gebell
entzifferst du nicht immer schnell.

Auch bei den Rindern, Hühnern, Schweinen
kannst du nur raten, was sie meinen.

Drum spreche ich als Anwalt hier
für jedes unverstandne Tier.

(Fürn Papagei brauch ich das nicht,
weil er ja für sich selber spricht.)

Der Wurm

Am Fuß von einem Aussichtsturm
saß ganz erstarrt ein langer Wurm.

Doch plötzlich kommt die Sonn' herfür
erwärmt den Turm und auch das Tier.

Da fängt der Wurm an, sich zu regen,
und Regenwurm heißt er deswegen.

Der Saurier

Es war einmal ein schauriger,
urzeitgemäßer Saurier.
Er wohnte tief in den Morästen
und hatte keinen Drang nach Westen,
auch nicht nach Süden, nicht nach Norden,
drum war auch nichts aus ihm geworden.
So sehr man es bedauerte,
der Saurier versauerte.
Da er auf jeglichem Gebiete
nichts weiter war als eine Niete,
beschloss er kurz, sich zu verfärben
und für die Nachwelt auszusterben. –
Das war, fürwahr, ein trauriger
und zeitgemäßer Saurier!

Der Hirschkäfer

Ein Hirschkäfer, der weidete
mit seinen siebzehn Rehen,
und jedermann beneidete
ihn um die vielen Ehen.

Da kam der Knabe Fritz heran –
die Rehkäfer entkamen;
der Hirsch jedoch griff mutig an,
zu schützen seine Damen!

Er musste sterben. – Mit der Lei-
che rannte heim der Bube – – – !
Jetzt ziert des Käfers Hirschgeweih
Schwesterchens Puppenstube …

Aphorismen

Es darf kein Äußerstes geben, zu dem wir nicht entschlossen wären, und keine Lauer, auf der wir nicht lägen.

Jeder sollte sein eigener Hirte sein und sich hüten – und zwar davor, dass einem die anderen das Fell über die Ohren hauen.

Vor dem Tode habe ich keine Angst – denn alle, die gestorben sind, lassen nicht wieder davon ab.

Die meisten Ehen scheitern an Unterhosen und Lockenwicklern.

Tatü, tatü

Die Jagd beginnt! – Tatü, tatü!,
ertönt es aus dem Horne.
Der Jäger tutet hinten rein,
dann kommts Tatü von vorne.

Der Jäger nimmt zwei Gläser mit:
Am einen kann er drehen,
dann kann er das, was weiter weg,
ganz nah und deutlich sehen.
Das andre Glas ist dazu da,
den Schnaps daraus zu trinken –
die Flasche ist im Rucksack drin
gleich neben Brot und Schinken.

Auch eine Flinte hat er mit,
gefüllt mit feinstem Schrote,
und wenn er schießt und gar noch trifft,
gibts bei den Hasen Tote.

Erlegt er aber einen Hirsch,
so hängt er als Trophäe
gleich das Geweih ins Wohngemach,
damit es jeder sähe.

Die Jagd ist aus! – Tüta!, so tönt
das Horn aus blankem Bleche.
Der Jäger geht ins Stammlokal –
der Hirsch bezahlt die Zeche.

Das Kälbchen

Es spielt das Kind vom Rind im Wind,
ist froh und guten Mutes.
Es kennt nicht Not, nicht den Papa,
nicht den Geruch des Blutes. –

Der Weg ist weit, der Kasten eng –
das Kälbchen ahnt nichts Gutes.
Der Schlächter ist kein schlechter Mann,
doch muss er's tun – und tut es. –

Das Kälbchen existiert nicht mehr –
in unsern Mägen ruht es,
doch nachts erscheint es uns im Traum
und traurig muh – muh – muht es.

Stiche

Von Dürers Meisterhand ein Stich
betrachtet, wirkt mehr „äußerlich“,
dagegen dringt, wenn Sie verzeihn,
der Mückenstich weit „tiefer“ ein.

Man sieht hieraus, dass ein Insekt
noch mehr kann als der Intellekt.

Die polyglotte Katze

Die Katze sitzt vorm Mauseloch,
in das die Maus vor kurzem kroch,
und denkt: „Da wart nicht lang ich,
die Maus, die fang ich!“

Die Maus jedoch spricht in dem Bau:
„Ich bin zwar klein, doch bin ich schlau!
Ich rühr mich nicht von hinnen,
ich bleibe drinnen!“

Da plötzlich hört sie – statt „miau“ –
ein laut vernehmliches „wau-wau“
und lacht: „Die arme Katze,
der Hund, der hat ’se!

Jetzt muss sie aber schleunigst flitzen,
anstatt vor meinem Loch zu sitzen!“

Doch leider – nun, man ahnts bereits –
war das ein Irrtum ihrerseits,
denn als die Maus vors Loch hintritt
– es war nur ein ganz kleiner Schritt –
wird sie durch Katzenpfotenkraft
hinweggerafft! –

Danach wäscht sich die Katz die Pfote
und spricht mit der ihr eignen Note:
„Wie nützlich ist es dann und wann,
wenn man 'ne fremde Sprache kann ...!"

Ich lasse mich nie weit- und breitschlagen.

Wenn der kleine Zeiger des
Thermometers auf dreißig Grad zeigt,
liegt der Hund oft im Pfeffer.

Gib niemals auf – höchstens einen Brief.

Ein blindes Huhn findet auch mal ein
Gerstenkorn und hat dann keine Lust,
die Flinte in dasselbe zu werfen.

Urlaubstiere

Ich war im Süden in Urlaub. In Südlappland. Da ist es noch billig. Ich hätte ja auch in den Norden fahren können nach Norditalien. Aber Lappland ist billiger! Besonders die Schönheitspflege ist billig. Sie brauchen nur ein Stück Seife mitzunehmen – Lappen gibt es dort genug. Und Mücken! Sie umstreichen einen dort zu Tausenden, ja zu Hunderten. Aber ein Mückenstich ist nicht so hochgestochen, sondern findet meist unten an der Wade oder am Knöchel statt. Auch geht er mehr unter die Haut. Übrigens war ich auch schon einmal am Mittelmeer. Und dort hatte ich keine Mittel mehr. Ich bin also vom Mittelmeer zurückgekommen– ich war an der Riviera. Herrlich! Das Meer reicht genau bis zum Ufer.

Als ich von der Riviera zurückfuhr, benutzte ich natürlich die Eisenbahn, obwohl ich gar keinen Zug vertrage. Ich hatte auch bald einen steifen Nacken, besonders an der Stelle, wo sonst mein Schalk sitzt.

Ich musste laut Eisenbahnkonkursbuch in Bebra

umsteigen. Das tat ich auch, denn was sollte ich im leeren Zug sitzen bleiben, die Lok hatte man schon abgehängt. Ich stieg also um. Da kam der Mann mit der roten Mütze, hob die Fliegenklatsche hoch, und der Zug setzte sich in Bewegung und ich mich hin. Und was sahen meine entzündeten Augen? Mir gegenüber saß ein Scheich, mit Turban. Ich sagte: „Alaaf! Sie fahren sicher nach Köln zum Karneval?“ – „Nein“, sagte er, „ich sehe immer so aus, ich bin der regierende Fürst von Hamudistan.“

Witzbolde

Es gibt eine Sorte von Menschen –
von zwanzig sinds wohl mehr als zehn! –
die fragen dich, wenn sie dich treffen
(egal, wo es ist): „Kennen Sie den?“

Und dann erzählen sie Witze,
Witze am laufenden Band,
die einen, die sind nicht zum Lachen,
die anderen sind dir bekannt.

Die besten davon sind politisch,
die meisten aber obszön.
Du windest dich höflich und stammelst:
„Wie lustig! Wie köstlich! Wie schön!“

Laut lachend verschwinden die Bolde,
stolz über ihren Humor –
dabei besitzen sie keinen:
Es kommt ihnen nur so vor.

Nee, das geht nicht

Das Meer – wenn ich schon drüber spreche –
hat eine feuchte Oberfläche,
die, finden keine Stürme statt,
stets ruhig daliegt, groß und glatt.
Soweit wär alles schön und gut.

Doch was sich unter Wasser tut,
das zu erzähln sträubt sich die Feder:
Es frisst den andern auf ein jeder!
Je größer so ein Fisch, je kesser!
Dort toben Kämpfe bis aufs Messer!

(Was ganz der Wahrheit nicht entspricht,
denn Fisch mit Messer geht ja nicht!)

Der Maus

Der Maus ihr Gatte wurd geschnappt
von einer Mausefalle,
nun war – verdammt und zugeklappt! –
er mausetot für alle.
Die Trauerreden für'n Gemahl,
sie gipfelten im Satze:
„Viel schneller gings auf jeden Fall
mit Falle – als mit Katze!“

Ein Freund

Ich mag alle Tiere.
Selbst einer gelben Viper im Zoo würde ich gleich hinter den Ohren den Kopf kraulen – wenn man mich ließe. Und vor allem sie.
Auch ein, zwei Ameisen habe ich gern. Nur in Massen dürfen sie nicht kommen, denn ich bin kitzlig.
Aber ich liebe Katzen.
„Pfui", höre ich empört ausrufen, „Katzen! Katzen sind a) falsch und b) fangen Vögel!"
a) Nicht die Katze ist falsch, sondern diese Behauptung. Es ist noch nie einer Katze eingefallen, mich anzufallen! Selbst dann nicht, wenn ich meinen mausgrauen Anzug anhabe.
b) Ich habe im Kopf schriftlich ausgerechnet, dass auf den Kopf einer Katze 0,087 Vögel kommen – das ist ein Bruchteil der Millionen deutscher Singvögel, die in jedem Jahr unseren Freunden südlich der Alpen auf den Leim gehen.
Komme ich nach längerer Abwesenheit nach Hause und setze mich an den Schreibtisch, um

den Haufen Post zu sichten, springt meine Katze auf denselben (den Haufen), reibt sich schnurrend an meinem Antlitz und legt sich völlig und wohlig auf die Briefe, als wolle sie sagen: „Quäle dich doch nicht mit all diesem Alltagskram! Lass die Rechnungen und die Steuerbescheide (die zu Unrecht so heißen; denn wieso sind sie bescheiden?) und lies nicht die dummen Kritiken, die dir dein Ausschnittbüro geschickt hat!“

Na, ist das ein Freund?

Ferien auf dem Lande

(Ich kam mit meinem Auto an
und Koffern, sechs bis sieben.
Der Motor ging total entzwei,
so musst zuletzt ich schieben.)

Ich wohn in einem Bauernhaus.
Die Milch ist frisch und sahnig.
Die Störchin auf dem Scheunendach,
sie schäkert mit dem Kranich.
Die Kuh macht „muh" – der Ochse auch,
sind schwer zu unterscheiden,
erst wenn man melken will, merkt man
den Unterschied der beiden.
Die Bauersfrau ist jung und schön.
Ich bin bei ihr der Kranich.
Ein Ochse ist ihr Herr Gemahl. –

(Zurück fahr mit der Bahn ich!)

Verrat

Spinne, Spinne, spinne du
ruhig weiter, ich schau zu.
Bald kommt eine Fliege dann,
die sich nicht befreien kann,
saugst ihr Blut aus, Glied für Glied.
Wünsch dir guten Appetit!

Fliege, Fliege, fliege nur
ruhig weiter durch den Flur.
Doch die Ecke musst du meiden,
willst du nicht entsetzlich leiden,
denn dort hängt ein Spinnennetz!
Böse, Spinne, dass ich petz?

Die Schnecke

Mit ihrem Haus nur geht sie aus!
Doch heut lässt sie ihr Haus zu Haus,
es drückt so auf die Hüften.
Und außerdem – das ist gescheit
und auch die allerhöchste Zeit:
Sie muss ihr Haus mal lüften!

Artverwandt

Klingling, so klingts im Großen Belt.
Das ist der Schellfisch, der da schellt.
Er klingelt, nur gemütlicher,
wie die Gebirgskuh südlicher. –

Das war bis heute unbekannt,
dass Kuh und Schellfisch artverwandt.

Aphorismen

Zugluft ist Wind nach Art des Hauses.

Gerichtsvollzieher sind wie kleine Kinder;
was sie sehen, wollen sie gleich haben.

Falten und Krähenfüße sind die
Haltestellen der Gesichtszüge.

Man gebe Sängern für die Lieder nie zu
viel Geld, sonst komm'n sie wieder.

Der Schatz

Eine alte Volksweise

Es liegt ein Schatz begraben
dort, wo der Weg sich biegt,
und nur zwei alte Raben,
die wissen, wo er liegt.

Noch keine Menschen haben
ihn zu Gesicht gekriegt.
Nur die zwei alten Raben,
die wissen, wo er liegt.

„Hü, Rösslein, du musst traben,
bald haben wir gesiegt!
Ich seh zwei alte Raben,
die wissen, wo er liegt!"

Ich hab am Weg gegraben,
der eine Biegung macht.
Die beiden alten Raben
haben sich totgelacht.

Wirklich unerhört

Die Amsel drosselt
ihren lauten Sang.
Die Finken starten schon –
der Weg ist lang …
Die A- und Blaumeisen
sind ganz verstört,
auch sie finden das
wirklich unerhört!!!

Das ist ihnen noch nie begegnet:
ein Sommer, so total verregnet!

Die Drossel amselt,
und es finkt der Star:
„Ade, auf Wiedersehn
im nächsten Jahr!“

Die Gazelle

Schreckerstarrt verharrt die Gazelle,
die den Durst an schattiger Stelle
stillt –
denn es naht der König der Tiere.

Aufrichtend das Haupt und alle viere
weit um sich werfend, entfernt
sich sprunghaft das ängstliche Wild,
kunstvoll gehörnt.

Sabinchen

Da war ein schneeweißes Karnickel,
das hatte einen schwarzen Pickel
auf der Nase.
Sprach ein Hase:
„Liebe Base,
das geht so nicht mit deiner Warze!
Es kommt ein Jäger, trifft ins Schwarze!
Du musst den Pickel heller färben,
dann lebst du lang, ohne zu sterben!“
Das tat denn auch sofort Sabinchen
(so nämlich hieß dieses Kaninchen)
und lebte lange ungestört …
Wie gut, wenn man auf andre hört!

Brauchtum

Ich brauche dich und du brauchst mich,
wir brauchen uns, sie brauchen sich.

Ob jemand spricht, kräht oder faucht:
Er wird gebraucht, er wird gebraucht.

Ich brauche dich und du brauchst mich,
wir brauchen uns, sie brauchen sich
darüber nicht zu kränken,
die Felchen oder Renken*.

* *Dies ist die* süddeutsche *Fassung. Für norddeutsche Leser sind die zwei letzten Zeilen wie folgt zu ändern:*

darüber nicht zu wundern,
die Schollen oder Flundern.

Das Lama

In dem Land des weisen Brahma
lebte jahrelang ein Lama,
dem es niemals wollte glucken,
weit im Bogen auszuspucken.

Schrecklich litt es seelisch wegen
diesem seinem Unvermögen;
und die Tränen war'n ihm nah,
wenn es andre spucken sah.

Heimlich übte es im Sitzen
oder Stehn, den Mund zu spitzen,
um dann zielgerecht durch dessen
Spalt den Strahl herauszupressen;
doch selbst in bequemster Lage
förderte es nichts zutage.

Und – so endet dieses Drama –
schließlich musste unser Lama
vor den Thron des Brahma traben,
ohne je gespuckt zu haben.

's kommt ein Vogerl geflogen*

Ein kleiner Spatz kommt angeflattert
und hüpft auf meinen Fuß. Verdattert
entdecke ich in seinem Schnabel
ein Telegramm, und in dem Kabel
telegrafiert Andrea mir:
„Komm bald, ich sehne mich nach dir!"

Spreiz deine Flügel, kleiner Bote,
und flieg zurück zu der Geliebten
und überreich ihr meine Note,
in welcher steht, ich käm am siebten!

* *Jede Ähnlichkeit mit einem bekannten Volkslied wäre rein zufällig.*

Die Untermieterin

Du stehst vorm Apfelbaum und lobst:
„Was ist das für ein herrlich Obst!"
Pflückst einen Apfel, beißt hinein,
verziehst den Mund, fängst an zu spein;
denn eine Made erster Güte
wohnt dort schon lang in Untermiete.
Du stehst vorm Apfelbaum und tobst:
„Wie kommt die Made in das Obst?!"

Die Hülle trügt! – Das Ungeziefer
dringt da im Allgemeinen tiefer...

Der zweifelhafte Storch

Du gehörst zu den'n, die den
Klapperstorch noch nie gesehn,
weil man dazu in der Stadt
wenig Möglichkeiten hat.
Und weil er dir nie erschien,
glaubst du auch nicht recht an ihn. –

Ohne Zweifel gehn dem Storch
solche Zweifel dorch ond dorch,
weshalb er dann schnell und meist
seine Existenz beweist!

Rechtschreibung

Delfine schwimmen schnell und leis
(man schreibt sie mit „ph“ – ich weiß;
doch schreibt man ja auch Tele„f“on,
und das bereits seit langem schon) –
sie schwimmen (wie gesagt, mit „f“) –
sie schwimmen – vorn ihr alter Scheff
(wir schreiben schließlich auch „Schofför“) –
sie schwimmen also durch das Meer.

Was heißt durchs „Meer“? –
Sogar durch „Meere“!
Und manche altgediente Mähre,
wie überhaupt so manches Ferd
(mit „V“ wär es total verkehrt)
glaubt, es sei so schnell wie ein Delphien!
(Das zweite „e“ ist schlecht für ihn.)

Ortogravieh – das sieht man hier –
ist nicht ganz leicht für Mensch und Tier!

Die Q

Die Q ist, allgemein betrachtet,
derart beliebt und auch geachtet,
dass einst ein hochgelehrter Mann
für unsre Q das „Q“ ersann.
So bleibt sie nun, ewig beredt,
als Buchstabe im Alphabet. –
Mich wunderts nur, dass manche Kreise
abhold sind dieser Schreibeweise.

Der Pv*

Der eitle Pv, meist schlecht gelaunt,
stolziert im Park von Hagenbeck,
und wenn wer kommt, der ihn bestaunt
– was jeder Pv recht gerne hat –,
dann schlägt er sein berühmtes Rad
und radelt langsamst damit weg!

Auch ich war jüngst bei Hagenbeck
– nur einfach so, zum Zeitvertreib –
und traf den Pv. Doch pfui! Der Geck
ging schnabelfletschend auf mich los:
Er zürnte mir! Warum denn bloß?
Vielleicht, weil ich ihn anders schreib?

* *Lies und sprich: Pfau.*

Humanistisches Frühlingslied

Amsel, Drossel, Star und Fink
singen Lieder vom Frühlink,
machen recht viel Federlesens
von der Gegenwart, dem Präsens.

Krokus, Maiglöckchen und Kressen
haben längst den Schnee vergessen,
auch das winzigste Insekt
denkt nicht mehr ans Imperfekt.

Hase, Hering, Frosch und Lachs,
Elke, Inge, Fritz und Max –
alles, alles freut sich nur
an dem Jetzt. Und aufs Futur.

Zwei Kröten

Zwei Kröten weiblichen Geschlechts
lustwandeln durch die Heide,
die eine links, die andre rechts,
und Warzen haben beide.
Und trotz der Warzen gehen sie
vergnüglich ihrer Wege
und lachen heimlich über die
moderne Schönheitspflege.

Der Angler

Ein Angler steht am See,
er hält die Angel in die Höh',
will fangen einen Barsch,
das Wasser steht ihm bis zum Knie.

(Reimen tut sich das erst, wenn die Flut kommt.)

Drei Raupen

Ein Melodrama

Introduzione

Es steht in diesem Buche hier
so manch Gedicht über manch Tier –
nur über Raupen gabs noch keins!
Nun, bitte sehr, hier wär so eins!
Doch ist es (weils, ich wills betonen,
für alle handelnden Personen
ein grauenhaftes Ende nimmt)
für Jugendliche nicht bestimmt!

Thema con variazioni

Drei Raupen schlossen in der Landschaft
von Südtirol ihre Bekanntschaft.
Da wurd die eine bei den Beeten
vom Gärtner hinterrücks zertreten!
Die zweite wurde unterdessen
vom Spatz erspäht und aufgefressen!
Die dritte aber – diese Raupe
verschied zu Hause an der Staupe!

Coda

Wie grausam ist doch die Natur:
Sie trachtet nach dem Leben nur!

Zur Pause

Ich sag es ehrlich, oft geschahs,
dass ich im Leben was vergaß;
doch manches wiederum indessen
vergaß ich leider zu vergessen.
Was ich mit Recht vergessen sollte,
war, dass ich noch was dichten wollte.
Deshalb, o Muse, fleuch nach Hause,
ich mach jetzt …
ZEHN MINUTEN PAUSE

Gedanken beim Anblick deiner Krokotasche

Ich badete im Ganges
(das ist eine Art Nil).
Im Ganges schwamm was Langes
auf Flügeln des Gesanges:
Das war ein Krokodil.

Es sang: „Die alten Zedern,
die blühen weiß und rot. –
Oh, hätte ich doch Federn,
wärs Leben nicht so ledern –
besonders nach dem Tod.“

Eine schöne graue Katze

Herr: Sagen Sie mal, was war denn das da draußen für ein Säugetier, auf das ich soeben stieß?

Dame: Das war eine Katze.

Herr: Das war aber eine schöne Katze.

Dame: Das war ja auch meine Katze!

Herr: So, Sie haben eine Katze?

Dame: Ja, ich habe eine Katze!

Herr: Bellt sie manchmal?

Dame: Aber meine Katze bellt doch nicht!

Herr: Das kann ich ja nicht wissen – ich habe sie doch eben erst kennengelernt.

Dame: Ich halte die Katze der Mäuse wegen.

Herr: Ach, Sie haben Mäuse?

Dame: Nein, ich habe keine Mäuse.

Herr: Ich denke, Sie haben Mäuse?

Dame: Nein, seit ich die Katze habe, habe ich keine Mäuse mehr!

Herr: Dann brauchen Sie doch auch keine Katze!

Dame: Ach, ich habe mich so an das Tierchen gewöhnt.

Herr: Es ist wohl noch sehr jung?

Dame: Nein, die Katze ist schon alt!

Herr: Ach, deshalb ist sie auch so grau.

Dame: Aber nun mal was ganz anderes – wie geht es eigentlich Ihrer Katze?

Herr: Ich hab ja gar keine Katze.

Dame: Wieso denn nicht? Als ich neulich bei Ihnen war, da lag doch eine Katze am Ofen und schnurrte?

Herr: Das kann nicht sein, ich habe wohl einen Ofen, aber keine Katze.

Dame: Aber da lag doch eine Katze – ich bin doch nicht blöd!

Herr: So?

Dame: Ich werde doch wohl noch unterscheiden können, ob das, was da am Ofen lag und schnurrte, eine Katze war oder ein Staubsauger!

Herr: Aber ich habe keinen Staubsauger!

Dame: Also schön, es war also eine Katze …

Herr: Nein, es war ein Kater!

Tirili, piit-piit

Die Lerche schwingt sich in den Äther
und singt das Liedchen ihrer Väter:
Tirili, piit-piit.
Ists an der Oder oder Elbe,
der Text ist überall derselbe:
Tirili, piit-piit.
Vom allerersten Sonnenschimmer
bis zu dem letzten singt sie immer:
Tirili, piit-piit.
Wirds Abend, steigt sie müde nieder
und steckt das Köpfchen ins Gefieder:
Tirili, piit-piit.
Wirds wieder Tag, weckt sie die Schwestern,
schwingt sich empor und singt wie gestern:
Tirili, piit-piit.

Der Spatz

Es war einmal ein grauer Spatz,
der saß ganz oben auf dem Dache,
und unten hielt die Miezekatz
schon seit geraumer Weile Wache.
Da sagte sich das Spätzlein keck:
„Mich kann das Biest nicht überlisten!"
Bums, kam ein Habicht um die Eck
und holte sich den Optimisten. –
So kann es allen denen gehn,
die glauben, nur sie wär'n die Schlauen.
Man darf nicht nur nach unten sehn,
man muss auch mal nach oben schauen!

Ein Brief aus Hagenbeck

An Frau
Coco, geb. Cucu, verw. Fips
Urwald
Wenn man reinkommt: 3. Baum links, 4. Astwerk
– Afrika –

Papa, Mama und liebe Geschwister!
Erinnert ihr euch noch an den Mister,
der mich, als ich fröhlich am Aste hing,
fing? –
Das war ein Ding!
Der steckte mich einfach in einen Kasten!
Da saß ich nun drin und musste fasten!
Dann flog und fuhr ich lange Wege –
und nun wohn ich hier im Freigehege.
Wir sind zu sechst. Sind ganz verträglich,
bis auf den einen, der ist unmöglich!
Der kratzt sich immer am Arm, am Kiefer –
wahrscheinlich hat er Ungeziefer!
Ich hatte neulich 'nen Schnupfen gekriegt!
Ob das an diesem Eisbärn liegt da drüben?

Ihr Lieben!
Das Essen ist hier reichlich und schmeckt!
Auch kommt kein Raubtier, das einen erschreckt!
Doch grauenhaft ist an jedem Tage
die Menschenplage!
Da strömen sie dann in rauen Mengen
und gucken und schieben und stoßen und drängen!
Und wenn ich auch ganz ruhig sitze,
sie lachen bloß und machen Witze
und reden nichts wie dummes Zeuch!
Und wie gehts euch?

Euer Schimpi

An die Bienen

Bienen! Immen! Sumseriche!
Wer sich je mit euch vergliche,
der verdient, dass man ihn töte!
Dass zumindest er erröte!
Denn, wie ihr in Tal und Berg schafft
ohne Zutun der Gewerkschaft,
ohne dass man euch bezahle,
ohne Streik und Lohnspirale,
täglich, stündlich drauf bedacht,
dass ihr für uns Honig macht,
ihr seids wert, dass man euch ehre!
Wobei vorzuschlagen wäre –
ob nun alt ihr, ob Novizen –,
euch von heute ab zu siezen!
Unser Dank, unser Applaus
säh in etwa dann so aus:
„Sehr geehrte Honigbienen!
Wir Verbraucher danken Ihnen!"

Singe, wem Gesang gegeben

’s ist Nacht. Auf meines Daches Zinnen wandelt
ein graues Säugetier in stolzer Pracht.
Dass es sich hier um einen Kater handelt,
das haben Sie sich ja wohl schon gedacht.
Er singt ein Lied. Er lässt sich das nicht nehmen,
und weder Ringelstern noch Morgennatz
verfassten es. Er zahlt auch nicht Tantiemen.
Er singt – und was er singt, ist für die Katz!

Die Kuh

Auf der saftig grünen Wiese
weidet ausgerechnet diese
eine Kuh, eine Kuh.

Ach, ihr Herz ist voller Sehnen
und im Auge schimmern Tränen
ab und zu, ab und zu.

Was ihr schmeckte, wiederkaut se
mit der Schnauze, dann verdaut se
und macht Muh, und macht Muh.

Träumend und das Maul bewegend
schaut sie dämlich in die Gegend
grad wie du, grad wie du.

Aphorismen

Nur Wasser trinkt der Vierbeiner,
der Mensch, der findet Bier feiner.

Das Leben ist das Wichtigste
des menschlichen Daseins.

Er war mein Wider- und
immer Wiedersacher.

Auch die Sonne hat ihren Schatten.

Nichts wirkt so appetitanregend wie
der ärztliche Rat, weniger zu essen.

Die Fliege

Eine Fliege flog zum Flügel,
huschte leis über die Tasten,
um dann auf dem „Gis“ zu rasten.
Doch nur zwei Sekunden währte
dieser Aufenthalt, dann kehrte
sie zurück zu ihrer Sippe
und erzählte unumwunden,
sie hätt den guten Ton gefunden.

Das Vöglein

Wenn ich ein Vöglein wär
und auch zwei Flügel hätt,
flög ich zu dir.
Da ich kein Vöglein bin
und nur einen Flügel hab,
spiel ich Klavier.

Der Schmetterling

Es war einmal ein buntes Ding,
ein so genannter Schmetterling,
der war wie alle Falter
recht sorglos für sein Alter.
Er nippte hier und nippte dort,
und war er satt, so flog er fort,
flog zu den Hyazinthen
und guckte nicht nach hinten.
Er dachte nämlich nicht daran,
dass was von hinten kommen kann.
So kams, dass dieser Schmetterling
verwundert war, als man ihn fing.

Blasphemie

Eine gräulich schwarze Fliege
sitzt dort rechts auf der Tapete,
putzt die Flügel und das linke
Mittelbein. – Ich lese Goethe.
Und wie klein erscheint mir dieser
immerhin so große Goethe
neben meiner schwärzlich grauen
Fliege dort auf der Tapete.

Der Regenwurm

Ein langer dicker Regenwurm
geriet in einen Wirbelsturm,
der trug ihn bis zum Himmel.
Nun dient er oben, nein, wie fein,
dem allerliebsten Engelein
als Klöppel einer Bimmel.

Der Brummer

Der Brummer, der mich so geplagt
und den ich hundertmal gejagt
und den ich niemals kriegen konnte,
weil er ja leider fliegen konnte,
und der mir manchen Schlaf verdorben,
der Brummer ist, gottlob, verstorben.
Er starb an Bauchweh und Migräne. –
De mortuis nil nisi bene!

Ein Kinderlied

Eiapopeia, was raschelt im Stroh?
Das sind die lieben Mäuschen, die freuen sich so,
denn die Katze ist krank.
Nun ringeln sie's Schwänzchen
und heben das Köpfchen und machen ein Tänzchen,
drum raschelts auch so in dem Stroh.
Eiapopeia, eiapopo.

Der Kabeljau

Das Meer ist weit, das Meer ist blau,
im Wasser schwimmt ein Kabeljau.
Da kömmt ein Hai von ungefähr,
ich glaub von links, ich weiß nicht mehr,
verschluckt den Fisch mit Haut und Haar,
das ist zwar traurig, aber wahr. –
Das Meer ist weit, das Meer ist blau,
im Wasser schwimmt kein Kabeljau.

Die Libelle

Liebe Libelle,
flieg nicht so schnelle!
Denk der Gefahren,
die deiner harren:
Bäume und Zäune,
Äste und Steine
auf allen Wegen!
Du fliegst dagegen!!!
Mit gebrochenen Gliedern
liegst du im Staube.
Dann kommt der Herbst,
du vermoderst im Laube …

Oder ein Vogel
will dich erhaschen,
will dich zerbeißen
und hastig vernaschen …
Oder ein Forscher
mit seinem Netze!

Erst tut er sachte,
dass nichts er verletze,
und freut sich stolz seines Besitzes!
Zu Hause jedoch nimmt er was Spitzes
und stichts dann
durch deine weichste Stelle:
arme Libelle!
Flieg nicht so schnelle,
genieße die Stunden,
vielleicht nur Sekunden,
die dir zum Leben
gegeben!

Scheint warm die Sonne:
Freu dich des Lichts!
Füllt Regen die Bäche,
hast du vom Leben nichts –
im Gegensatz zur Forelle!

Liebe Libelle …

Dichter und Bauer

Es hat der junge Dichter
für heut genug gereimt,
drum löscht er alle Lichter,
legt sich ins Bett und träumt.
Er träumt von einer Mauer,
die ihm die Sicht verdirbt
und dann von einem Bauer,
in dem ein Vogel stirbt.

Das Fischchen

Ein Fischchen einst im Wasser saß
und von dem Wasser wurd es nass,
das Fischchen.
Das Fischchen wollt gern trocken sein,
doch hatte es kein Handtuch, nein,
das Fischchen.
Da sprang das Fischchen, hops, an Land
und drehte sich paarmal im Sand,
und als dann kam das Morgenrot,
wars Fischchen trocken – aber tot.
Das Fischchen.

Löwenzahn

Löwenzahn ist schon seit jeher
als höchst kriegerisch verschrien,
denn er lässt bei gutem Winde
Fallschirmtruppen feindwärts ziehn.
Und ich sitz auf der Veranda
und verzehre meine Suppe
und entdecke in derselben
zwei Versprengte dieser Truppe.

Die Weihnachtsgans

Tiefgefroren in der Truhe
liegt die Gans aus Dänemark.
Vorläufig lässt man in Ruhe
sie in ihrem weißen Sarg.

Ohne Bein, Kopf und Gekröse
ruht sie neben dem Spinat.
Ob sie wohl ein wenig böse
ist, dass man sie schlachten tat?

Oder ist es doch zu kalt ihr?
Man siehts an der Gänsehaut …
Nun, sie wird bestimmt nicht alt hier:
Morgen wird sie aufgetaut.

Hm, welch Duft zieht aus dem Herde
durch die ganze Wohnung dann!
Macht, dass gut der Braten werde,
morgen kommt der Weihnachtsmann!

Aphorismen

*Nur ein Hund freut sich, wenn
ihm etwas vorgeworfen wird.*

*Wer mit den Hunden schläft,
wacht mit den Flöhen auf.*

*Der Sommer war so heiß, dass die
Bäume den Hunden nachliefen.*

*Gibt Pferden man eins hinten drauf,
beschleunigen sie vorn den Lauf.*

Pferderennen

Wenn Sie, liebe Leser und Leserinnen, morgen früh das Bett verlassen, um sich erst einmal warm anzuziehen und sich dann eventuell sogar noch zu waschen, so vergessen Sie um Gottes willen nicht, sich mit dem rechtem Bein zuerst auf den Boden der Tatsachen zu stellen. Denn morgen – schauen Sie auf den Kalender – ist ein schwarzer Tag. Der 13. Der 13. Februar. Die sehr Abergläubischen mögen sich einreden, es sei der 44. Januar – denn so könnte man es auch
sagen, und gegen die Vier hat niemand was, selbst wenn sie doppelt auftritt. Anders ist es mit der Sieben. Einst sah mal einer im Traum eine große Sieben. Er ging daher am 7. 7. zum Pferderennen. Und setzte im siebten Rennen sieben Mark auf das Pferd Numero 7. Das Pferd ist tatsächlich als 7. durchs Ziel gegangen. So kann einem die Sieben alles versieben.

Pferde und Cowboys

Man kennt viele Arten von Rosen. Die bekanntesten sind die Teerosen. Dann gibt es aber auch noch die Neurosen und – vor allem – die Windrosen. Letztere sind in vier Himmelsrichtungen eingeteilt – in den sonnigen Süden, den rauen Norden, den fernen Osten und den wilden Westen. Über den sonnigen Süden ist schon sehr viel gesagt worden, über den rauen Norden ist nicht viel zu sagen, und über den Osten schweigen wir lieber. Reden wir also über den wilden Westen! Zumal der die Eigenschaften der übrigen drei Himmelsrichtungen in sich vereint: Der wilde Westen ist sonnig, rau in seinen Sitten und so fern, wie wir uns den Osten manchmal wünschen. Die bekannteste Gegend des wilden Westens ist die Prärie. Sie ist völlig eben, und das ist es eben.

Hund und Herrchen

Egal, von welcher Art und Rasse,
ob tief er bellt, ob hoch er kläfft,
der Hund macht alles auf der Straße –
und auf die Straße sein Geschäft.
Die Katze ist da etwas feiner:
Sie hat ihr Klo, auf das sie geht,
und wie sie liebt, das sah noch keiner –
man hört es höchstens, abends spät.
Der Hund dankt stets für jede Strafe,
er leckt die Hand, die ihn versehrt.
Er ist des Herrchens treuster Sklave –
doch meistens ist es umgekehrt.

Drei Bären

Ein Brombär, froh und heiter, schlich
durch einen Wald. Da traf es sich,
dass er ganz unerwartet, wie's
so kommt, auf einen Himbär stieß.

Der Himbär rief – vor Schrecken rot –:
„Der grüne Stachelbär ist tot!
Am eignen Stachel starb er eben!"
„Ja", sprach der Brombär, „das solls geben!"
und trottete – nun nicht mehr heiter –
weiter …

Doch als den „Toten" er nach Stunden
gesund und munter vorgefunden,
kann man wohl zweifelsohne meinen:
Hier hat der andre Bär dem einen
'nen Bären aufgebunden!

Gänseblümchen

Ein Gänseblümchen liebte sehr
ein zweites gegenüber,
drum riefs: „Ich schicke mit ’nem Gruß
dir eine Biene rüber!“

Da rief das andere: „Du weißt,
ich liebe dich nicht minder,
doch mit der Biene, das lass sein,
sonst kriegen wir noch Kinder!“

Die Tauben und Beethoven

Bonner Impression

Die Tauben landen auf dem Rasen
und trampeln drauf mit ihren Pfoten,
als ob sie das Schild noch niemals lasen:
Betreten des Rasens verboten!

Dann setzen sie sich in die Ohren
vom armen Beethoven, dem kalten.
Sie haben es sich wohl geschworen:
Wir Tauben müssen zusammenhalten!

Von oben herab und von hinten bekleckern
sie den Komponisten wie unartige Gören –
man kann noch so bitten und
drohen und meckern:
Die Tauben wollen nicht hören!

Sie scheinen bisher aller Mittel zu spotten,
deshalb, glaub ich, müsst man sie dazu bewegen,
um sie ein für alle Mal auszurotten,
nur taube Eier zu legen!

Die Schlange

Die Schlange kriecht – als leide sie
an schlechtem, unreinem Gewissen,
weil Ad und Eve, weil beide sie
durch sie in einen Apfel bissen.

Der Mensch hat dies schon oft bereut,
und über ihn ging mancher Sturm hin …
Und in so manchem Obst ist heut –
und nicht in dem nur – noch der Wurm drin.

Heißer Mai

Es ist sehr heiß.
Leise rieselt der Schweiß.

Sogar die Lerche,
sonst schwer zu zügeln,
flattert ganz langsam:
Sie schwitzt unter den Flügeln.

Und auch die Schwalbe
fliegt nur die halbe
Geschwindigkeit in der Stunde.

In aller Munde
ist dieses Lied:

Leise rieselt der Schweiß –
und das vor Ende des Mais.

Weidende Seekuh

Die Seekuh weidet auf dem Grund
des Ozeans. Stumm ist ihr Mund;
denn finge an sie, laut zu singen,
würd ihr das Meer ins Innre dringen –
und dieses Nass, welches sie schluckt,
verdürbe dann das Milchprodukt,
das, schon seit jeher äußerst rühmlich,
wohl jeder Seekuh eigentümlich.

So weidet unsre Meereskuh
mit Appetit, doch ohne Muh …

Esst mehr Fisch

Das Meer reicht bis zum Strande
und dann verläufts im Sande
ganz plötzlich und abrupt.

In ihm gibts viele Fische,
die essen wir bei Tische
gekocht und abgeschuppt.

Doch wozu gibts die Gräten?
Sie wären nicht vonnöten,
sie schmälern den Genuss.

Denn bleibt mal eine stecken,
so kann man leicht verrecken –
viel eher, als man muss!

Auf den Tod meines Hundes

Auf dem Berge steht ein Häuschen,
um das Häuschen ist ein Garten,
und am Zaun vor diesem Garten
wars, wo wir den Hund verscharrten.
Ach, er starb an einer Gräte,
die im Hals beim Atmen störte,
und die ja, genau genommen,
da auch gar nicht hingehörte.
Und nun stehe ich am Grabe,
pflanz Vergissmeinnicht und bete.
Von dem Kirchturm schlägt es sieben,
von dem Schellfisch war die Gräte.

Die Katze

Die Katze hat ein gelbes Fell
und sitzt auf meinem Schoße.
Sie mag gern Fisch und eventuell
auch Schmorbraten mit Soße.

Auch fängt sie Mäuse dann und wann
und ab und zu – was seh ich! –
mal einen Vogel, doch nur dann,
wenn er des Flugs nicht fähig.

Oft bleibt sie meiner Kate fern;
dann weilt sie gegenüber.
Sie hat zwar meine Kate gern;
doch ist ihr 'n Kater lieber.

Knabe mit erkältetem Käfer

Auf meiner linken Schulter sitzt
ein Käfer, rot mit schwarzen Tupfen.
Er ist vom Fliegen ganz erhitzt,
nun kriegt er sicher einen Schnupfen.
Ich nehm ihn in die Hand und renn
mit ihm nach Haus über die Wiesen.
Er muss sofort ins Warme, denn
ich höre ihn bereits schon niesen.

Die Eule

Eine Eule saß und stierte
auf dem Aste einer Euche.
Ich stand drunter und bedachte,
ob die Eule wohl entfleuche,
wenn ich itzt ein Steunchen nähme
und es ihr entgegenschleuder?
Dieses tat ich. Aber siehe,
sie saß da und flog nicht weiter.
Deshalb passt auf sie die Zeule:
Eule mit Weule!

Bel Ami

Etwas, was uns in dem Leben
jedes Mal mit Recht missfällt,
das ist das, wenn in der Neben-
wohnung eine Hündin bellt.
Ich ging also hin und schellte;
doch ich klagte ohne Grund,
denn was da so dauernd bellte,
war nicht Hündin, sondern Hund.
Hieß Ami und war ein Dober-
mann vom Scheitel bis zum Schwanz
und gehörte einem Ober-
lehrer. (An der Türe stands.)
Der Ami war so bescheiden
und so lieb, dass ich verzieh:
„Lieber Freund, ich mag dich leiden,
wenn du willst, dann bell, Ami."

Lieder der Wüste

1

Die Sonne brütet,
als sei sie ein Vogel,
der auf seinen Eiern sitzt
und schwitzt.

Ein Sandkorn betet.
Es möchte tiefer und tiefer
zu seinen Brüdern sinken
und trinken.

Wie weit ist Nirwana – ?

Über die Düne schreitet
ein Leu.
Blickt sich um, als wär er
hier neu …

Ich muss weiter, denn
aus der Ferne winken
Fata und Mutta Morgana –

2

Die Oase träumt im Schatten
hoher Palmen, deren Wedel
leise wippen, leise wippen.

Ein paar tote Menschenschädel,
die schon bessre Zeiten hatten,
liegen rum, liegen rum.

Plötzlich kommen zwei Kamele:
erst ein großes schweren Schrittes,
dann ein kleines leichten Trittes.

Sie benetzen ihre Kehle
mit des Tümpels trüber Soße.
Dann enteilen die Kamele:
erst das kleine, dann das große.*

* *Diese Neudichtung eines uralten Studentenulks ist tunlichst am Klavier vorzutragen, wobei das große Kamel durch tiefes „plum-plum", das kleine durch hohes „plim-plim" zu charakterisieren ist. Bei der letzten Zeile empfiehlt es sich, während der Worte „... dann das große" sich vom Klavier zu erheben und wegzugehen. Ein paar lachen dann immer.*

Kleiner Vogel

Kleiner Vogel dort im Baum,
sing doch ruhig leiser;
denn wenn du so weitermachst,
wirst du noch ganz heiser!
Und die Stimme, die du hast,
klingt dann nicht mehr länger,
dann brauchst du ein Mikrofon,
wie ’n moderner Sänger …!

Das Finkennest

Ich fand einmal ein Finkennest
und in demselben lag der Rest
von einem Kriminalroman.
Nun sieh mal an:
Der Fink konnt lesen!
Kein Wunder, es ist ein Buchfink gewesen.

Der große weiße Vogel

Die Sekretärin, die ich hab,
heißt Fräulein Vera Kleinzig.
In Sachen Schminke und Frisur
und Kleidung ist sie einzig!
Doch stets guckt sie mich dämlich an,
wenn ich sie etwas frage,
und tippt sie einen Brief, braucht sie
dafür genau zwei Tage!
Und wenn sie einen Kaffee kocht –
na, das ist ein Gebräue …!
Doch ich bin immer nett zu ihr:
Man kriegt so schwer 'ne neue!
Drum: „Großer, weißer Vogel" nenn
ich sie, wenn sie wie 'n Zwerg schafft –
denn: Sag ich „dumme Gans" zu ihr,
dann geht sie zur Gewerkschaft!

Ich hatte die Stirn, sie zu runzeln,
und fletschte meine Faust.

Wenn es heißt auf Biegen und Brechen,
so ist Ersteres immer vorzuziehen.

Aus einem kleinen Busch springt
oft ein großer Hase.

Man darf im Leben weder sich
noch Verdacht erregen.

Etwas über den Kuckuck

Vorgestern erzählte ein schlichter Jäger seine Erlebnisse aus Wald und Flur. Er plauderte von Bäumen und Tieren, besonders nett aber sprach er vom Kuckuck, der, wie er meinte, in freier Wildbahn ein ebenso verstecktes Dasein führe wie bei ihm daheim an den Möbeln.

Der Jäger sagte weiter: „Der Kuckuck lebt hauptsächlich in nach ihm benannten Uhren. Er ist also ein typisches Uhrviech. Man findet ihn aber auch im Freien, wo man ihn aber so gut wie fast selten sieht. Doch wenn man ihn mal sieht, dann hört man ihn höchstens. „Neulich", fuhr der Jäger fort, „ging ich im Wald einher, als mir plötzlich ein Kuckuck um die Ohren flog. Natürlich ohne Uhr! Ich riss nicht nur mich zusammen, sondern auch das Gewehr hoch! Zuerst drückte ich es an die Wange und dann ab! Aber da fiel mir ein, dass man erstens auf Kuckuckse gar nicht schießen darf und zweitens, dass ich mein Gewehr überhaupt nicht bei mir hatte."

Ich hoffe, dass ich diese Geschichte richtig übersetzt habe; denn obiger Jäger bediente sich natürlich des Lateins.

Fische

Es gibt viele Arten von Fischen – aber nur wenige Unarten, die sie nicht haben.
Teils bewegen sie sich an der Oberfläche – teils gehen sie in die Tiefe.
Man hat sie zum Fressen gern – besonders die Backfische.
Manch toller Hecht – eben sang er noch aus voller Kieme – zappelt plötzlich an der Angel. Zu spät fallen ihm die Schuppen von den Augen.

Fische sind sehr sensibel. Werden sie beleidigt, so strecken sie die Seezunge raus und denken sich den Götz. Sie sind eben manchmal etwas barsch … Aber bald reichen sie ihrem Kontrahenten die Flosse – und alles ist wieder gut.

Manche Fische sind aalglatt – und es ist ihre Masche, durch eine Masche des Netzes, mit dem man sie fangen wollte, zu schlüpfen.
Einige nehmen das Maul etwas voll. Das ist nicht schlimm. Es ist nur Wasser.

Fische werden vom 20. Februar bis zum 20. März geboren – also im Mai gezeugt.
Ist es da ein Wunder, dass sie besonders liebevoll geraten sind …?

Das Märchen vom Meerchen und dem Käfer

Es war einmal ein Meerchen.

Es war kein altes Meerchen. Es gab es erst seit vorvorgestern. Deshalb schwammen auch noch keine Fische oder Krebse in ihm. Nur ein einsamer Käfer durchfurchte die Wogen – leider unfreiwillig: Er war aus Versehen da hineingeraten. „Nanu? Neulich noch bin ich trockenen Fußes dieses Weges gegangen, und heute zapple ich in einem Ozean? – Ob ich die etwa 7 km (Abkürzung für Käfermeter) bis zum Ufer schaffe?" Also sprach der Käfer. Er hätte lieber den Mund halten sollen; denn so schluckte er zu viel Wasser. Und da er schließlich kein Wasserkäfer war, verließen ihn die Kräfte – und bald darauf die Sinne –

Der Regen hatte endlich aufgehört, und die vielen hundert Tröpfchen des Meerchens kletterten an den Sonnenstrahlen empor, um sich zu erwärmen und da oben irgendwo ein kleines Wölkchen zu bilden. Unten aber war von der Pfütze nichts mehr nachgeblieben. Nur ein toter Käfer lag im Sand und streckte alle sechse von sich …

Und wenn es vorvorgestern, vorgestern und gestern nicht geregnet hätte, dann lebte er noch heute, morgen und übermorgen.

Ein Volkslied

Wenn ich ein Mundschmiss* wär
und auch zwei Schaufeln hätt,
grüb ich mich ein.
Weil ich kein Mundschmiss bin
und keine Schaufeln hab,
lass ich es sein.

* *Vom Volksmund auch „Maulwurf" genannt. Es ist aber unschicklich, ein Maul in den Mund zu nehmen! Auch habe ich den „Wurf" als unfein verworfen!*

Die Kellermaus

Es wollte eine kleine Maus
– im Keller wohnhaft – hoch hinaus;
und eines Nachts, auf leisen Hufen,
erklomm sie achtundneunzig Stufen
und landete mit Weh und Ach
ganz oben, dicht unter dem Dach.
Dort wartete bereits auf sie
die Katze, namens Doremi. –

Kaum, dass das Mäuslein nicht mehr lebte,
geschahs, dass eine Fledermaus
ein paarmal um die Katze schwebte,
zur Luke flog und dann hinaus.
Da faltete die Katz, die dreiste,
die Pfoten und sprach: „Ist das süß!
Da fliegt die Maus, die ich verspeiste,
als Engelein ins Paradies!“

Der Frühling

Und wieder ist es Mai geworden,
es weht aus Süden statt aus Norden.
Die Knospen an den Bäumen springen,
und Vogel, Wurm und Kater singen:
fidirallala, fidirallala.

Der Herbst

Und wieder ward es Herbst hienieden,
es weht aus Norden statt aus Süden.
Die Knospen an den Bäumen ruhen,
und auch die Kater haben nichts zu tuen.
Rallafididi, rallafididi.

Was duftet da?

Was duftet da in Wald und Feld,
dass man ganz dicht die Nas' hinhält?

Was klingelt da in Feld und Wald,
dass es bis ganz nach hinten schallt?

Was leuchtet da so leuchtend weiß?
Wies heißt? Ich weiß: Glöckchen des Mais!

Die kleinen Elefanten

Es war einmal ein großer Feldherr. Er lebte vor über zweitausend Jahren in Karthago und hatte um sein Haus einen riesigen Zaun gezogen, von dem er ab und zu einen Krieg brach. Seine berühmtesten Kriege waren die Punischen, die überall panischen Schrecken verbreiteten.

Eines schönen Tages nun versammelte er riesige Elefanten mit einer ebenso riesigen Streitmacht um sich, ergriff ein Messer und stach ins Mittelmeer. Er wollte in Italien sein Augenleiden kurieren: War ihm doch Rom schon seit langem ein Dorn im Auge!

Er muss wohl ungenaue Landkarten gehabt haben: Statt in Italien landete er in Spanien. Da er aber schon mal da war, eroberte er es. Er war, wie gesagt, ein großer Feldherr.

Schließlich kam er an ein ziemlich großes Gebirge. „Aha", sagte er, „die Alpen!" Aber nein, es waren bloß die Pyrenäen. „Das macht nichts", sprach er, „dann sind eben die Pyrenäen die Generalprobe für die Alpen!"

Sie gelang vortrefflich, was eigentlich kein gutes Omen war …
Endlich erreichte er den Montblanc. Angesichts dessen fiel ihm ein, dass er seinen Filzschreiber vergessen hatte und nun seiner Frau keine Ansichtskarte schreiben konnte.
Ohne besondere Unfälle schlängelte er sich mit Mann und Maus resp. Elefant mal aufwärts, mal abwärts – aber hauptsächlich vorwärts … Lag es nun daran, dass die riesigen Elefanten vor den noch riesigeren Bergen Hemmungen bekamen, weil sie in dieser Umgebung so klein wirkten – welch Grund es auch immer gewesen sein mag: Sie begannen, sich leise aus dem Staube zu machen!
Als der große Feldherr den Po erreichte, setzte er sich vor Schreck auf denselben; denn 96 von seinen 102 Elefanten waren verschwunden! …
Inzwischen hatten sich die geflohenen Tiere in Gletscherspalten oder hinter Felsen versteckt und kamen erst wieder hervor, als die Luft rein war. Und hier oben war sie immer rein – aber auch sehr dünn. Und das Letztere war es eben!

Es kann nur an der dünnen Luft und vielleicht auch an der ständigen Kälte gelegen haben, dass die Nachkommen der zurückgebliebenen Elefanten auch im Wuchs zurückblieben!

Sie wurden im Laufe der Jahrtausende immer kleiner und kleiner, bis sie schließ- und endlich nur die „Größe“ einer Mücke erreichten. Daher stammt sicher auch der Ausspruch „aus der Mücke einen Elefanten machen“.

Außerdem nahmen diese possierlichen Tierchen allmählich eine schneeweiße Schutzfarbe an, sodass sie vom ewigen Eis und Schnee nicht mehr zu unterscheiden waren.

Das ist wohl auch mit ein Grund, weshalb die kleinen Elefanten noch nie einer gesehen hat …

Schwer

Ein schwerer Krankheitsfall hienieden
sind zweifellos Hämorrhoiden,
denn es ist schwer, sie zu vertreiben –
noch schwerer aber, sie zu schreiben.

Das Eingemachte der Witwe Lehmann

(Nach einer Story der Grimm Brothers)

Es war einmal ein armer Bauer. Er besaß nichts als vier Tiere: einen Esel, der immer beleidigt war, wenn man ihn so nannte, einen Hund, der es übel nahm, wenn man ihm etwas vorwarf – außer Knochen natürlich –, einen Kater, der fast blind war, weil er seine Brille verloren hatte und der Bauer ihm keine neue kaufen konnte, und einen Hahn, der – und das war das Schlimmste! – demnächst in den Kochtopf sollte nach dem Motto: Da kocht der alte Suppenhahn, den wir noch gestern huppen sahn …

Eines Tages nun beschlossen diese vier Tiere, dem Bauern zu kündigen: erstens die Freundschaft und zweitens zum Ersten.

Als der Erste anbrach, fragte der Hahn die anderen: „Was machen wir jetzt?" – „Wir gründen ein Gesangsquartett und gehen damit auf Tournee!", meinte der Kater. „Au ja", sagte der Hund, „die Menschen lieben meinen Gesang!" Worauf der Esel beistimmte: „Dös glaab i-a!" (Er war nämlich

aus Bayern.) Also marschierte das Ensemble los, bis es – die Dunkelheit war schon eingebrochen – auf ein einsames Haus mit einem matt erleuchteten offen stehenden Kellerfenster stieß, hinter dem sich zwei Männer zu schaffen machten, weil sie ebenfalls eingebrochen waren. Sie sichteten gerade das Eingemachte der verblichenen Witwe Lehmann. Um diesen beiden schwer arbeitenden Menschen die Zeit zu verkürzen, beschlossen unsere vier Freunde, hier ihr erstes Konzert zu geben. Der Hund sprang auf den Esel, der Kater auf den Hund und der Hahn auf den Kater. Dann zählte der Esel vier vor, und – sie begannen zu singen …

Mag es nun an der zu kurzen Probenzeit gelegen haben, oder waren die Sänger indisponiert, oder entstammte das dargebotene Werk der Feder eines zeitgenössischen Komponisten, egal, die Räuber bekamen einen furchtbaren Schreck und flohen, die gesamte Beute zurücklassend. Unsere vier Künstler aber nisteten sich gemütlich im Keller ein und genossen die Früchte bzw. das Eingemachte ihres ersten Konzerts.

Ob sie noch weitere Konzerte gaben, ist nicht bekannt, wohl aber, dass sie, wenn sie auch gestorben sind, noch heute leben, und zwar – als die Bremer Stadtmusikanten …

Der alte Wolf

Auch 'n Märchen

Der Wolf, verkalkt und schon fast blind,
traf eine junge Dame:
„Bist du nicht Rotkäppchen, mein Kind?"
Da sprach die Dame: „Herr, Sie sind – !*
Schneewittchen ist mein Name!"

„Schneewittchen? Ach, dann bist du die
mit diesen 7 Raben?"
Sie antwortete: „Lassen Sie
sich lieber gleich begraben!
Mit 7 Zwergen hatt ich mal
zu tun – das waren nette …!"
„Ach ja! Du durftest nicht zum Ball,
und Erbsen waren nicht dein Fall,
besonders nicht im Bette …!"

* *– wohl blöd?", wollte sie sagen. Aber so etwas denkt eine Dame nur.*

Da lachte sie hell ha-ha-ha,
dann: „Darf ich Sie was fragen?
Sie fraßen doch die Großmama,
wie hab'n Sie die vertragen?"

„Das ist nicht wahr, dass ich sie fraß,
ich krümmte ihr kein Härchen!
Die Brüder Grimm, die schrieben das
für kleine Kinderchen zum Spaß –
das sind doch alles Märchen ...!"

Das Lachen

Kein Tier vermag sich *lachend* zu zeigen,
ob es nun kräht, quäkt, miaut und bellt –
das Lachen ist nur dem *Menschen* eigen
und deshalb nicht von dieser Welt ...

Heimliche Liebe

Wenn ich ’ne kleine Fliege wär,
dann hätte ich es nicht so schwer:
Ich würd mich – ohn’ dich zu verletzen –
auf deine roten Lippen setzen.
Und würdest du – ohn’ Überlegung –
durch eine kurze Handbewegung
mich kleines Ding verscheuchen wollen –
ich flöge fort, ohn’ dir zu grollen.
Und fragt mich meine Frau, die Süße:
„Wieso hast du so rote Füße?“,
dann würd ich rot auch im Gesicht –
doch dich verraten – – – würd ich nicht …

Ente gut, alles gut

Eine Ente sitzt im Schilfe
und im Boot der Jägersmann.
Gibts denn niemand, der da Hilfe
unsrer Ente bringen kann?
Schon sieht man den Hahn ihn spannen,
bums!, das Schrot kracht mit Getöse,
und – die Ente fliegt von dannen.
Sie ist heiter, er ist böse.

Es scheint so

Es scheint so, dass auf dem Planeten,
den wir so gern mit Füßen treten
und ihn dadurch total verderben –
dass also hier nur Gute sterben!

Denn: Las man je im Inserat,
dass ein Verblichner Böses tat?
Dass er voll Neid war und verdorben
und dass er nun mit Recht gestorben?

Es kann hier keinen Zweifel geben:
Die Schlechten bleiben alle leben!

Liebe Sonne

Nach so vielen Regenwochen
kamst du endlich vorgekrochen,
froh sind Menschen, Tier und Gras!

Schein auf unsre Mutter Erde,
dass sie wieder trocken werde,
liebe Sonne, tue das!

Trockne sie und unsre Tränen
und den Kuckuck, der ganz nass!
Schick uns nach den langen Qualen
deines Fehlens alle Strahlen –
und besonders diese netten,
diese ultravioletten!

Liebe Sonne, schein uns was!

Der rötliche Mars und die Venus

Früher zogen Mars und Venus
– wann es war, kann man nur ahnen –
eng beinander und in Liebe
ihre vorgeschriebnen Bahnen.

Plötzlich kam ein fremder Körper,
der sich zwischen beide zwängte
und den Mars von seiner Venus
– oder umgekehrt – verdrängte.

Dieser Fremdling war die Erde!
Und sie machte sich noch breiter,
und der Mars entschwand der Venus
immer weiter, immer weiter.

Und die Sehnsucht nach der Freundin
hat den Mars schon fast getötet;
doch erblickt er sie von ferne,
sehn wir, wie er zart errötet …

Warum der Saturn einen Ring hat

Unter all den Sterngebilden,
die in himmlischen Gefilden
– nachts kann man es deutlich sehen –
sich um uns und mit uns drehen,
unter diesen Sternen allen
wollt es dem Saturn gefallen,
dass er falsche Kreise zog
und ganz eigne Wege flog!

Als der liebe Gott das sah,
sagte er: „Was seh ich da?
Der kreist ja auf andre Weise?!
Na, sein Kreisen zieht noch Kreise!"
Und er rief mit Donnertösen
dem Saturn zu, diesem bösen:
„Sieh hier meine Zornesfalte!!!
Dass im Aug ich dich behalte,
wirst du, gleich und unbedingt,
für die Ewigkeit beringt!" –

Jahrelang zankten sich Leute
drüber, was der Ring bedeute –
heute, durch mein Opus endlich,
wird die Einrichtung verständlich!

Aphorismen

Manchmal kommt man mit einem
blauen Auge davon, das man
einem anderen geschlagen hat.

Große Schatten werfen ihre
Ereignisse hinter sich.

Aus ungelegten Eiern
schlüpfen keine Hühner.

Am besten ist, man macht sich häufig
einen Knoten ins Notizbuch.

Der ferne Merkur

Du wandelst …
Und handelst?
Falsch oder weise?
Und wie sind deine Preise?
Wer sind deine Kunden?
Wiegst ab du in Pfunden?
Oder gelten auf deiner Straße
andere Maße?

Ach, wüsste mans nur,
lieber Merkur!

Wie ist deine Währung?
Besitzt du auch eine Merkurische Nehrung?
Oder hat man sie dir genommen,
weil sie ein anderer bekommen?

Ach, man wüsste so vieles gern
von dir als Stern!
So ganz intern!
Doch du bist zu fern –

Mond über der Stadt

Ich hänge am Himmel und scheine –
Was soll ich auch anderes machen? …

Die Stadt ist zu schnell,
zu laut und zu grell –
Neulich hielt mich eine ältere Dame
für Lichtreklame!

Wärs nicht so traurig, es wäre zum Lachen …

Manchmal schießt man nach mir;
doch die meisten
der weit gereisten
Raketen gehen daneben
und lassen mich leben.
Eben kam wieder so eine –

Kein Pärchen mehr,
das sich in meinem Lichte umschlingt …
Kein Dichter mehr – außer diesem hier –,
der mich besingt …

Ich frage mich, was ich hier oben eigentlich soll!
Man nimmt, auch als Vollmond,
mich nicht mehr für voll.

Wem soll ich noch leuchten?
Wen soll ich bewachen?

Ich hänge am Himmel und scheine –
gar keinen besonderen Eindruck zu machen …

Ode an den Neumond

Scheine wieder, liebe Scheibe!
Bleibe
das, was wir von dir gewohnt:
Mond!

Wir, die wir dich sehen möchten,
fragen
uns seit Tagen
– oder besser noch – seit Nächten:
„Fürchtest du dich etwa vor den vielen
Projektilen,
die man auf dich unverdrossen
abgeschossen?"

Schön, man traf dich! – Doch wir hoffen,
Mond, du fühlst dich nicht getroffen!

Scheine wieder, liebe Scheibe!
Bleibe!

Wolken

Die Wolken, die vorm Monde ziehn,
verdunkeln ihn,
und auch die Sonne unsrer Breiten
hat mit den Wolken Schwierigkeiten.

Wie soll der Mensch nun auf der bösen
Welt kämpfen und Probleme lösen
mit seinem kleinen dummen Hirn,
wenn selbst das göttliche Gestirn,
die Sonne, täglich resigniert
und ihren Kampf verliert
gegen ein bisschen Wasserdampf …?!

Der kalte Wind

Es wohnt ein Wind in Leningrad,
der pustet kalt,
wer da nicht einen Mantel hat,
der hustet bald.

Der Schwur

„Ich hol vom Himmel dir die Sterne“,
so schwören wir den Frauen gerne.
Doch nur am Anfang! Später holen
wir nicht mal aus dem Keller Kohlen.

Der Stein der Weisen

Ich kanns bis heute nicht verwinden,
deshalb erzähl ichs auch nicht gern:
Den Stein der Weisen wollt ich finden
und fand nicht mal des Pudels Kern.

Drei Balladen

1

Es war einmal ein altes Schloss.
Und Kunibert, so hieß der Boss.
Er hatte Mägde, hatte Knechte
und eine Frau – das war das Schlechte!

Ihr Mund war breit, ihr Hals war lang,
und es klang schrecklich, wenn sie sang.
Da zielte er mit Korn und Kimme
und Wut auf sie – das war das Schlimme!

Es machte bumm! – (natürlich lauter!) –,
dann fiel sie um! – Zum Himmel schaut er
und spricht, das Auge voll Gewässer:
„Vielleicht singt sie dort oben besser?!"

2

Es ritt der edle Ritter Kunkel
durch einen Wald, der still und dunkel –
als plötzlich, jäh und ungestüm,
ein grauslich-graues Ungetüm,
ein richtig schlimmes Drachenvieh,
das Feuer, Gift und Galle spie,
sich fliegend näherte dem Reiter
und schrie: „Bis hierher und nicht weiter!!!"

Der Ritter Kunkel zog am Zügel,
dann seinen Degen! Stieg vom Bügel,
und mutig, ohne banges Zagen,
ging er dem Drachen an den Kragen!
Gar bald gelangs ihm, hintern Ohren
das Scheusal schmerzhaft anzubohren,
worauf es „au" schrie nach dem Stich
und flugs nach oben hin entwich! –

Der Ritter reinigte den Degen
und ritt, nun auf befreiten Wegen,
dorthin, wohin er vorhin wollte!
(Wozu es fast nicht kommen sollte!)

Das Volk begrüßte ihn mit Tüchern,
und bald schrieb man von ihm in Büchern!
(Weil er der Erste war, wie ’s hieß,
der einen Drachen steigen ließ!)

3

Es war einmal ein stolzer Ritter,
der wurde beim Turnier bloß Dritter.
Das ging dem Armen derart nah,
dass man ihn lebend nicht mehr sah.

Er starb am siebenzehnten Maien –
– an einem warmen Tag – im Freien.
Er wollte niemand bei sich haben.
So musste er sich selbst begraben. –

Ja, Dritter ist für einen Ritter bitter!

Zum Abschied

Versuche tunlichst zu vermeiden, jeden
mit klugem Wortschwall zu benetzen;
denn plötzlich stirbst du und vermagst die Reden,
die du gehalten, nicht mehr in Taten umzusetzen …

Was ist paradox? Wenn man ein eingefleischter Vegetarier ist.

Man sieht es manchen Damen noch jetzt an, dass sie einmal recht hässlich gewesen sein mögen.

Haben Sie Ihre Begabung von der Mutter? – Nein, ich habe sie mit der Vatermilch eingesogen.

Das Brot ging den Weg allen Fleisches.

Ich schoss ihn über seinen eigenen Haufen.

Zwang

Du musst dich zu sehr vielen Dingen,
willst du sie tun, geradzu zwingen!
Trotzdem wirkt das – was dir gelungen –
oft zwingend leicht und ungezwungen.

Abendlied

Die Nacht bedeckt die Dächer,
und in dem Aschenbecher
verlöscht die Zigarette.

Es ruhn fast alle Räder.
Der Tag verging wie jeder,
als Glied in einer Kette.

Ich höre Eulen singen
und sehne mich nach Dingen,
die ich so gerne hätte.

Und von dem vielen Sehnen
bekomme ich das Gähnen – – –
gut Nacht, ich geh zu Bette.

Zum Schluss

Doch nun wär es besser, wenn ich
endlich enden würde, denn ich
seh es schon an euren Augen,
dass mit Müh nur ihr könnt saugen
auf in euch die Geistesblitze,
welche durch die schmale Ritze
meiner Feder bläulich fließen.
Also gut, ich will jetzt schließen.
Pegasus, hau ab, geh äsen! –
Und auf frohes Wiederlesen.

Das Gedicht

Ich könnte gern noch ein Gedicht
in dieses Büchlein schreiben;
doch weil es mir an Zeit gebricht,
auch küsst mich meine Muse nicht,
drum lass ichs lieber bleiben.

Inhalt